超古代ピラミッド「富士山」と高次元フリーエネルギー

その覚醒・起動による近未来予言

88次元　Fa-A
ドクタードルフィン　松久 正

青林堂

まえがき

二〇二三年三月六日朝、インターネットニュースで、名古屋大などの調査チームが、エジプト・ギザのクフ王ピラミッドの内部に、二×九メートルの空間があることを発見しました。これは、〝今世紀最大の発見〟ともいわれています。このニュースをスマホの画面で見たとき、その空間を映し出した写真に、目が釘づけになりました。そこから発せられるエネルギーが凄かったので、高次元古代エネルギーリーディングをすると、その空間は、異次元・高次元宇宙とつながる「スターゲート」だったのです。そこを通して、古代エジプト人たちが交流した神（高次元存在）が出没していました。

また、私ドクタードルフィンは、このクフ王ピラミッドの中央部に、さらに大きい、四×十五メートルの空間があることをリーディングしました。これは、さらにパワフルな「スターゲート」です。

そして、この本のテーマでもある超古代ピラミッド「富士山」の中央部にも、二十五×

四十メートルの巨大エネルギー空間があることを、高次元リーディングで読み取りました。

このように、クフ王ピラミッドに、未知なる空間があることが、世の中に報道されたのも、四年半前に、私が、クフ王ピラミッドのエネルギーを開き、それに続いて、今回、世界No. 1の超古代ピラミッド「富士山」を超覚醒させたことによる、このタイミングで、起こるべくして起こった現象です。

この富士山超覚醒により、富士山の中のビッグスターゲートが起動し、そして、高次元フリーエネルギーが起動し、世の中は、大きく変わっていきます。

88次元 Fa-A
ドクタードルフィン 松久 正

目次

第二章　高次元フリーエネルギーとは何か

第三章　ドクタードルフィンの大予言―世界はどのように変わっていくのか―

第四章　三十年後の世界を語る

第五章　私の行う高次元リーディングについて

第一章

人類史上初、
富士山のエネルギー開き

世界的にも特異な山、富士山

世界には、実に、多種多様な山々がそびえ立っています。勇壮な姿のマッターホルン、峰々が圧倒的な存在感を放つエベレスト、など。その他にも、世界中を見渡せば、優しさや力強さなど、独自のエネルギーを感じさせる山が、数多くあります。

しかし、富士山の、あの均整の取れた美しさと存在感は、別格です。独立峰で、周囲が開けているため、どこから眺めるかによって、印象が大きく異なるというのも、なんとも、懐の深さを感じさせます。美しさだけでなく、その神秘性そのものが、まさに、日本一、さらには、世界一の山といえるでしょう。

実は、私の高次元リーディングによると、富士山は、高次元フリーエネルギーに関係する、世界No.1のピラミッドでもあります。

このことは、二〇二〇年一月に出版された自著『ピラミッド封印解除・超覚醒』（青林堂）において、私が、世で初めて、公に発表しました。

今回の本は、この超古代ピラミッド「富士山」のエネルギーを開き、高次元フリーエネルギーを起動させた軌跡です。

富士山は、古くから、山岳信仰の対象でした。これが、一般の人々にも波及して、「富士詣で」という文化に結びつきました。こうして、人々の信仰を集めるごとに、富士山は、その霊性を増し、エネルギーを高めていったのです。

こうした、信仰上の歴史的経緯を持つ山というのは、世界的にも、多くはないのではないでしょうか。古代から現代に至るまで、信仰心が集中した山としては、富士山は、トップレベルであると感じています。同時に、私は、そこに、何か大きな謎が隠されているのだろう、とも考えていました。

私は、これまで、いろいろな場面で、「日本が世界を導く、世界のリーダーは日本人から出る」と口にしてきましたが、その要因のひとつとして、日本を代表する富士山の存在があるのです。

ごく一般的な見方をすれば、富士山は、単なる火山です。ふもとは豊かな植物に覆われ、高度が上がると火山性の地質が見られます。これは、世界中の多くの火山に共通する特徴であり、ことさら珍しいものでも、不思議なものでもありません。

それでも、富士山は、高次元エネルギー的に、他の火山とは決定的に違う特性を備えています。そこにフォーカスすることで、いろいろなことが見え、理解できていきます。それらの知恵や情報は、私たち人類の次元上昇に役立てることができるのです。

このたび、私が、富士山のエネルギーを開いたことの背景には、こうした状況がありました。そして、それは、まさに、「いま、このとき」に行うタイミングだったのです。

私が、なぜ、どのようにして、富士山のエネルギーを開いたのか。そして、何が起こるのか。それらの、すべてを、本書で明らかにしたいと思っています。

エジプト・ギザのクフ王ピラミッドに続いて、富士山へ

四年半前のことになります。私がエジプトに渡り、人類史上八回目の挑戦で、ギザのクフ王のピラミッドを開くことに成功したことは、すでに、世に発表しました。その時にも、さまざまな不思議な現象が起こりましたが、これは、自著（『ピラミッド封印解除・超覚醒』（青林堂）で詳しく説明しましたので、そちらをご覧ください。

ともあれ、私がギザのクフ王ピラミッドを開いたのは、四年半前の秋分の日です。そして、このたび、富士山エネルギーを完全に開くことに成功したのですが、これも、秋分の日の直前、昨年二〇二二年九月十九日のことでした。

秋分では、春分とともに、昼と夜の時間が等しくなります。厳密には、秋分点を含む日ということになりますが、これは、光と闇が均衡するポイント、といえるタイミングです。このときに、ギザのクフ王ピラミッドと同じタイミングで、富士山を開いたということに、私は、大きな意味があったと、いまでは感じています。なぜなら、私は、あえて、

その時期に、ギザのクフ王ピラミッドや富士山を開こうと考えていたわけではなく、なんとなく、スケジュールを空けていたにすぎなかったのですが、それは、宇宙からの大きな采配だったからです。

北海道から沖縄まで、国内のあらゆる場所でエネルギー開きをしてきた私ですが、富士山は、まだ、手を付けていない場所でした。いつかは、富士山を開くことになるのだろう、と思ってはいましたが、それ以上の具体的なプランは、何もなかったのです。

ところが、その後、富士山に関する情報が、妙に、私の周囲を飛び交うようになったのです。私が、無意識のうちに、富士山関連の情報エネルギーにつながったのでしょう。「富士山が噴火するかもしれない」などという、少々物騒な情報も入ってきました。その頃のどこかのタイミングで、私は、突然に気づいたのです。富士山、だと。富士山を開こう、と思い至りました。

私は、88次元エネルギーとつながった救世主として活動していますが、その一方で、医師として診療を営んでいます。常識的な思考も論理的な判断も、いわゆる、左脳的な考察もできます。しかし、高次元存在としての私が、何か重要な決断をする時には、脳をほとんど使用しません。脳で考えるというよりも、私自身がなすべきことが、脳の松果体に直観として降りてきて、「そうか、今の私は、これを行なおう」となるのです。それが、そのとき、まさに必要なことなのです。これまでも、そうでした。

ですから、ギザのクフ王ピラミッドを開いてから三年後、今度は、富士山を開くことになったのは、まさに必然だったのです。

なぜ私は富士山を開いたのか

あらためて……ではありますが、この三年間を、思い返してみてください。新型コロナウイルスが、世界中を席巻した日々でした。それまでの生活スタイルは一変し、人々は、不安と恐怖におびえ、エネルギーを削り落とされるばかりでした。

中でも、私たち日本人は、過敏とも思える反応を見せました。極端に外出を控え、常にマスクを外さず、他者との接触を、まるで、悪魔と対面するかのように恐れていました。新型コロナウイルスの発生初期であれば、そうした反応も仕方ありません。未知のウイルスなのですから、用心することもあったでしょう。

しかし、発生から三年が過ぎようという頃になっても、ウイルス自体の感染力や毒性は低いことが知られるようになってからも、人々は、不安と恐怖を払拭できず、マスクを外すことすらできませんでした。安全第一の意識といえばそれまでですが、そこまで不安と恐怖を抱え続けることは、世界的な状況に照らしても、異常事態でした。情けない、ことでした。

私からすれば、新型コロナウイルスの世界的な蔓延は、宇宙による采配でした。それは、パンデミックという非日常的な事態を経験させることで、人々の意識に、目醒めを起こさせる意味がありました。ところが、実際には、そうはなりませんでした。それどころか、政府、専門家、マスコミの言うことに、奴隷のように従うばかりで、自ら考えて動く、という人々が少数派にされてしまいました。それが、私には残念でした。

もちろん、不測の事態を想定して、どう行動するかは、人それぞれです。マスクをするかしないかということも、個人の自由です。ただ、自分自身で判断するのではなく、単に、「誰かに言われたことに従う」という、操り人形のように生きる人々のあまりの多さに、私はがっかりしてしまったのです。

なぜ、あんなことになってしまったのか。大きなエネルギーのうねりの中で、自分たちが自分の意志で生きているということを、誰も分かっていない。自ら、主体的に生きるということに、なぜ、覚醒できないままでいるのか。何が起これば、そこに気づくのか。目醒めることができるのか。

私が、富士山のエネルギーを開こうと決意した時期には、こうした背景もあったのです。たいへんな状況にある中で、いまだ抑圧された多くの日本人を目醒めさせるために、日本の象徴である富士山のエネルギーを開く。実に重要なことだったのです。

富士山をどうやって開くのか

これは、私ドクタードルフィンが高次元情報をリーディングしたことですが、富士山の大もとは、およそ八百万年前、宇宙の意志によって、世界No.1のピラミッドの土台として創られました。八十万年前、この超古代ピラミッドが起動することで、人類は、一斉に覚醒するはずだったのです。ところが、人類を覚醒させたくない勢力のもと、何度かの噴火によって、超古代ピラミッドは溶岩に覆われ、七万年前に、封印されてしまったのです。これで、富士山は、起動せずに終わったのです。

そのため、その後に、エジプト・ギザのクフ王ピラミッドが創られたのですが、今度は、エジプト人たちが、アトランティス文明の破壊と分離のエネルギーを使用したために、それも封印されてしまいました。

世界には、数多くのピラミッドがあります。遺跡として残っているものも数多いですし、それ以上に、一見するとただの山ですが、実は、ピラミッドとしての機能を持つ山が、数多くあります。しかし、それらの力を総合しても、全体のパワーが足りなかったのです。四年半前、私がギザのクフ王ピラミッドを起動させたことで、地球全体のピラミッド力は、かなり上がりました。しかしながら、クフ王ピラミッド以上に高いパワーを持つ富士山を開き、起動させることが、人類全体の次元上昇の鍵となりました。というより、必要不可欠だったのです。だからこそ、あのタイミングで、ギザのクフ王ピラミッド、そして、富士山と、私が起動することになったのでした。

自著でも少し触れましたが、ピラミッドを起動させる方法はひとつではありませんでした。そのピラミッドの状態によって、いくつかのやり方があります。富士山の場合は、ピラミッドであり火山でもありますから、やり方は、少し考える必要がありました。極端な話、力技で起動してしまうと、これまでに蓄積されたエネルギーが放出され、突然噴火してしまう可能性だってありました。そうなると、制御が利かないし、広範囲に被害が及んでしまいます。富士山周辺全体を活性化させるという方法もありますが、これは、現象としては穏やかである反面、大きなエネルギーを得にくい。

では、封印されたエネルギーを、噴火ではない別の形で、開放させるというのはどうか。それこそ、私が、これまで何度か口にしてきた、「穏やかな超覚醒」というものです。私が、富士山を開く前、高次元エネルギーを読んでみたところ、富士山の覚醒エネルギーは、強く封印されていました。

そこで、私の高次元エネルギーを注ぎ込むことで、封印されたエネルギーを引き出すとともに、火山の爆発を避けながら、現在の富士山の内側に眠っている超古代ピラミッドとしてのエネルギー開きを行なった、というわけです。私が、富士山を開いたのが、二〇二二年九月十九日。それから、すでに、五ヶ月ほど経ちますが、今（二〇二三年三月時点）のところ、富士山の火山活動に変化があったというニュースは入っていません。ということは、当初の狙い通り、「穏やかな超覚醒」がうまくいった、ということになります。

富士山を開いたことで、埋もれていた封印エネルギーも開放されるので、今後の富士山は、爆発からは、むしろ遠ざかることになるでしょう。もちろん、富士山が、活火山である以上、噴火の可能性は常にあります。しかし、可能性があるとしても、その可能性は低くなり、時期についても、相当の先延ばしになった、そうした状況を作ることができたと考えています。

五島列島を開いた記憶

エネルギー開きをすると、その影響は、いろいろなところで、顕著に見られるようになります。もちろん、社会変動や天変地異が頻発する、というわけではありません。しかし、感性の鋭い、注意深い方ならば、気づくことができるレベルで、さまざまなところに、影響が表れます。

たとえば、この富士山のエネルギー開きは、同行希望の方が多かったので、一泊三日のエネルギー開きツアーを組み、四十人ほどで出かけました。以前に、屋久島の杉エネルギーを開いた時、「今後、しばらくは、日本には大きな台風が来なくなるだろう」という発信をしていた（『世界遺産：屋久杉』と「宇宙遺産：ドクタードルフィン』（ヒカルランド））のですが、本当にそうなりました。日本近くで台風が発生しても、日本をかすめていったり、直撃が避けられたり、という具合でした。

富士山のエネルギー開きのときには、台風が発生していて、進路を見ると、富士山にまっすぐに向かっていたのです。ところが、それが、エネルギーを開いたとたんに、勢力が弱まり、熱帯低気圧に変わってしまい、スッと進路を変えて、避けていってしまいました。

偶然だろうと言う人もいるかもしれませんが、それは、私のエネルギー開きによる変化でした。

エネルギー開きをすると、そこを中心として、地球エネルギーの変化が起こります。それが、台風に影響します。台風の中心部では、左巻きの回転エネルギーがあり、宇宙とつながる右巻きの回転エネルギーを避けていきます。台風は、遠ざけられ、直撃はしないのです。同時に、エネルギー開きをスムーズに行えるように、その場を守る宇宙の意志が、私をサポートします。

同様の例を挙げると、富士山エネルギー開きの数ヶ月前、二〇二二年六月に、五島列島で行った、隠れキリシタンのエネルギー開きです。あのとき、私は、不幸な扱いを受けた隠れキリシタンの怒りと悲しみを癒しましたが、そのとき、私の超古代リーディングでその存在を読んだ、六歳で五島列島で殺されたジーザス・クライストの息子、も癒してきました。このことが、ジーザス自身の癒しにもつながりました。彼は、たいそう喜んで、それにより、次元上昇を果たし、私をさらにサポートしました。

私のエネルギー開きに加え、ジーザス・クライストの霊性エネルギーがさらなる上昇を果たしたものですから、あの瞬間の五島列島周辺のエネルギー変化は大きく、そのために、近づいていた台風は、避けていきました。

この時の台風は、五島列島の周辺に、しばらく滞留していました。それは、私が癒したキリシタンたちの「怒りと悲しみ」というマイナスの感情を浄化するためのものでした。五島列島周辺は浄化され、ジーザス自身のエネルギーが日本列島を強く守護することとなりました。

高次元フリーエネルギーを起動させる

富士山を開くにあたって、重要だったのは、先ほどお伝えした、ジーザス・クライストのエネルギーでした。これは、とても、大きなサポートでした。そして、富士山のエネルギーの主である木花咲耶姫神《コノハナサクヤヒメノカミ》のエネルギー。さらに、富士山を支えている箱根神社（九《く》頭《ず》龍《りゅう》神社）の九頭龍神のエネルギー。この三つを携えて、私は、エネルギーを開いたことになります。

そして、この時に、私が開放したのは、富士山のピラミッドエネルギーに加えて、「高次元フリーエネルギー」でした。

高次元フリーエネルギーとは何か、を正しく説明するのはかなり難しく、また、説明しても理解されにくいと思うのですが……「エネルギーの源であり本質となるもの」ととらえると、正解に近いかもしれません。たとえば、電力や磁力などのエネルギーがあります。また、ガソリンでエンジンを動かせば、軸動力としてエネルギーを取り出せます。こ

九頭龍神社に参拝

ういった、さまざまな形のエネルギーを生み出すものの源であり本質、それが、フリーエネルギーです。

しかも、それは、三次元的な意味だけにとどまらない、より高次元での可能性も含めたエネルギーです。ですから、三次元的な操作だけで引き出したり、制御したりできるものではありません。高次元フリーエネルギーを起動するには、より高次元にアクセスできる力として、木花咲耶姫神、九頭龍神のエネルギーサポートが不可欠でしたし、そこに、ジーザス・クライストからのエネルギーサポートが加わったことで、理想的なエネルギー開きができたのです。

高次元フリーエネルギーについては、確か二〇二二年九月十八日の私のフェイスブックの記事に上げてあったはずなので、そちらを見ていただいても良いかもしれませんが、別の章で改めてお話しすることにします。その前に、ピラミッドエネルギー開きの内容を、簡単にご紹介しましょう。

この重要なミッションを達成するために、まず、私は、箱根神社と九頭龍神社に参詣しました。

実は、私は、九頭龍神社には行ったことがありませんでした。私は、龍の性質を持っているので、このときばかりは、さらに龍のエネルギーを強化させるために、箱根神社の中にある九頭龍神社新宮に向かいました。

そのとき、参詣前に、ある店で、九頭龍の置物が目に入りました。水晶珠が埋め込まれていて、結構な価格が付けられていましたが、「これは買わなくてはならない」と感じたため、それを購入し、懐に忍ばせて参詣しました。そして、九頭龍神社で九頭龍神のエネルギーを水晶に載せました。

龍のエネルギーは、世界中に存在していますが、概して、エネルギー強度が高いものです。中でも、日本の龍、特に、大宇宙大和神《オオトノチオオカミ》の金白龍王《キンハクリュウオウ》は、龍の最大エネルギーです。

大宇宙大和神は、最も高次元にある神ということもあって、断トツに力強いのです。影響力が大きく、世の中を変えていくエネルギーです。ですから、毎年、伊豆下田の龍宮窟（大宇宙大和神（金白龍王）の鎮座地）に年に三回、エネルギー開きに行っています。

今回、これまで、まったくご無沙汰だった九頭龍神社に、私が詣でたということは、とても大きな意味がありました。

箱根神社、九頭龍神社に参拝したあと、私たち一行は、エネルギー開きの事前準備として、さらに、北口本宮冨士浅間《せんげん》神社での正式参拝に向かい、木花咲耶姫神に詣でました。

富士山以前の、大室山でのできごと

木花咲耶姫神は、日本各地の浅間神社をはじめ、多くの神社で祀られている女神です。

この神こそ、私がエネルギー開きを手がけるきっかけとなった神と関わりがあります。

あれは五年、六年ほど前でしょうか。ドクタードルフィンの宿泊型リトリートツアーを、初めて開催したのです。場所は、伊豆の大室山。富士山を小さくしたような特徴的な形をした、標高六百メートルほどの山です。周囲が開けているので、見晴らしは良いし、頂上まではリフトが通っています。頂上には、浅間神社がありますから、エネルギーワークもできるだろう……という趣旨で、開催しました。

一日目は、とても気持ちのいい穏やかな晴天。ホテルに入って落ち着き、食事の後には、自己紹介や翌日に備えた勉強会などを行いました。

二日目の朝も、初日と同様、天候に恵まれ、天の恵みだなと思っていたのですが、私たちが大室山に近づくにつれ、急に風が吹き、天候が荒れ始めてきたのです。まるで、台風のような風が吹いてきて、そのたびに、大室山表面の短い草木がボーボーと激しく揺れ、身体が吹き飛ばされそうになりました。風の音は、ぐわーん、ぐわーんと、まるで、龍のうなり声のようです。なんとか、リフト乗り場にはたどり着いたものの、案の定、「強風のため、リフトは休止」と貼り紙が出ていました。

私たちとしては、この日の大室山でのエネルギーワークがメインだっただけに、弱りましたが、係の方に聞いてみても、「このぶんでは、今日の運転は無理でしょう」とのこと。これには参りました。

とはいえ、このまま帰るわけにもいきません。どこかで場所を見つけてワークをしようと、周辺の地図を調べると、すぐ近くに広い公園がありました。おそらく歩いて三分くらいのところだったのですが、何しろ風が強かったので、タクシーに分乗して移動しました。

公園にて、激しい風の中で、私がエネルギーワークを始めるとすぐに、この強風は磐長《イワナガ》姫神《ヒメノカミ》の怒りと悲しみのエネルギーであると読み取れました。

磐長姫神は、木花咲耶姫神の姉にあたる女神です。この姉妹神は、大山津見神《オオヤマツミノカミ》の娘で、姉妹そろって、邇邇芸命神《ニニギノミコトノカミ》に嫁ぎました。ところが、木花咲耶姫神はたいそう美しい女神でしたが、磐長姫神は逆に醜かった。そのため、邇邇芸命神は、「お前は醜いから帰れ」とばかりに、磐長姫神を大山津見神に突き返してしまったのです。

神には、いくつもの側面があり、霊性エネルギーとしての一面の他、人間のように感覚を持ち、感情を表す側面があります。それは、人間にとって、神を知る上でとても分かりやすいものですが、父のもとに帰された磐長姫神の落胆と悲しみ、怒りというのは、察するにあまりありました。「私は、そばに置きたくないほどの存在なのか」という悲しみに、何千年もの間とらわれ続け、そのご神体である大室山に近づこうとした私を、「お前たちも、醜い私を笑いに来たのだろう」とばかりに責め立てる。その時、私は、「磐長姫神を癒さなくては」と思い至り、磐長姫神に語りかけました。

「ずっとずっと、たいへんな思いをされてきたのですね。でも、邇邇芸命神が、あなたを遠ざけたのは、あなたが醜かったからではありません。あなたのエネルギーが強かったために、お顔を見ることができなかったのです。『醜い』ではなく、『見にくい』だったのです。私には、それが分かります。これからの世は、目に見えないものが価値を持つ世になります。あなたの時代です。今から、あなたの痛みを癒して差し上げます。悲しみと怒りと、ご自身の身を不幸と嘆く感情を手放して、ご活躍ください……」

こんなふうにして、エネルギー開きをしたところ、それまで荒れ狂っていた風がピタリと止んだのです。風の音も聞こえません。このときは、人生で初めて、神の存在をリアルに体感することになりました。

全国にある浅間神社のほとんどは、木花咲耶姫神を祭神としています。しかし、磐長姫神を祀る浅間神社はとても少なくて、大室山を含めて、三ヶ所くらいではないでしょうか。それゆえに、大室山では、磐長姫神の怒りや悲しみといった感情的な面が出やすく、それを私がキャッチした、ということでしょう。

この癒しセレモニーのあと、磐長姫神はとても上機嫌になり、エネルギーが軽くなりました。私たちも、ワークを終えて、大室山に戻ってみると、停まっていたリフトが再開していました。さっきまでは、私を寄せ付けまいとしていた磐長姫神が、今は、私を受け入れてくれようとしている。なるほどな、と思いつつリフトに乗り、山頂に着くと、周囲の眺望よりも真っ先に、大室山浅間神社に向かい、磐長姫神にお詣りしました。

しばし山頂で過ごした後、再びリフトで下山すると、まるで計っていたように、「本日は終了しました」の札が、リフト降り場に掛けられていました。

神を癒して神に約束した、エネルギー開き

磐長姫神を癒したことで、磐長姫神自身はもとより、妹神である木花咲耶姫神も、たいへん喜びました。そこで、私は、木花咲耶姫神に、「いつか必ず、あなたも開きに伺います」と約束していました。それが、今回の富士山開きにつながっていった、というわけです。

また、大室山での一件を後から思い返してみても、磐長姫神だけでなく、そこには、木花咲耶姫神の応援もあった、と思うようになりました。あの嵐のような強風がピタリとおさまり、元の穏やかな晴天に戻ったというのは……これは映像で残してありますが、本当に奇跡としか言いようのないことだと思っています。

さて、このようなできごとがあって、いよいよ、富士山のエネルギー開きの話になります。このときは、二ヶ所でエネルギー開きに関わる正式参拝を行う予定を立てていました。

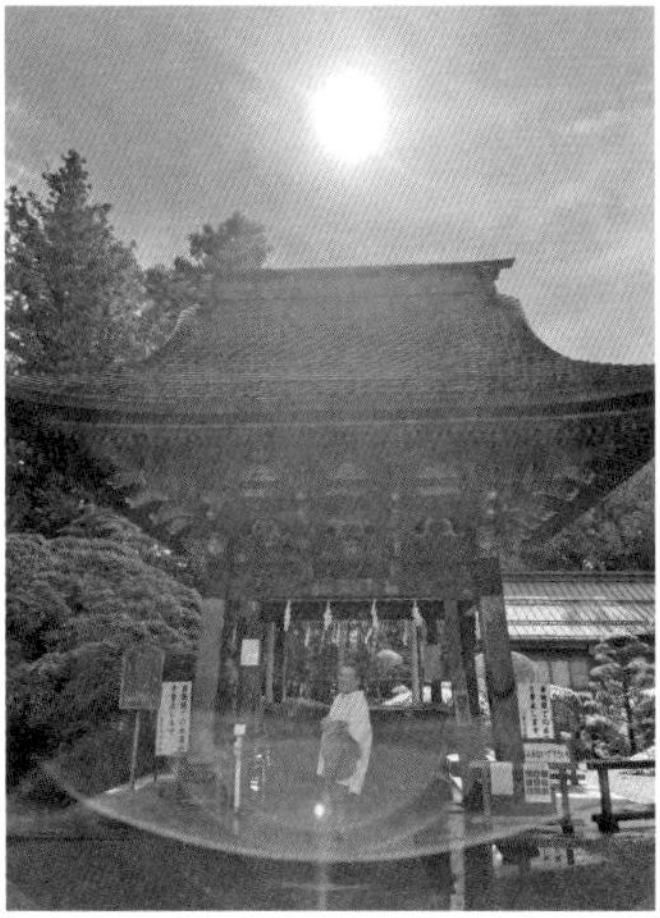

木花咲耶姫神とジーザスのエネルギーに触れる

まず、先ほどお話ししたように、北口本宮冨士浅間神社に正式参拝、それから、五合目まで登り、そこで、富士山エネルギー開き。その後、富士山本宮浅間大社に移動して、二回目の正式参拝。

最初の正式参拝は、木花咲耶姫神への挨拶も兼ねていました。「これから、私たち全員で、富士山を開きます。すなわち、あなたご自身を開きます」。そうした挨拶だったのですが、その時に撮った写真がこちらです。光が上下に分かれているでしょう？　これは、上が木花咲耶姫神、下がジーザスのエネルギーですね。

これは、もともと動画なので、そちらを見るとよく分かるのですが、私の胸元に、木花咲耶姫神のエネルギーの描出である光の珠が留まっていて、また、私の身体にまとわりつくように、いくつもの龍の頭が見えるのです。つまり、木花咲耶姫神への挨拶を済ませたところで、木花咲耶姫神とジーザスからのエネルギーを受け、そこへ、九頭龍も応援にきてくれた、ということです。

龍穴前で、富士山を開く

北口本宮富士浅間神社で木花咲耶姫神に参拝したあと、私たち一行は、バスで富士山五合目を目指しました。冒頭にお話ししたように、台風が近づいていましたから、登るにつれて雲行きが怪しくなり、ついには雨が降ってきました。それがだんだん強くなり、さすがに少々心配になったものです。しかし、先に述べたように、ジーザスのエネルギーが台風を穏やかにしてくれるはずでした。

幸い、五合目まではたどり着けたものの、雨風は激しさを増すばかりです。でも、ここまで来て引き返すこともできません。風雨が少し収まるのを待ってバスを降り、さて、どこでエネルギーを開くか。観光客、登山客が多いところでは無理ですから、人のいないポイントを見つけなくてはなりませんでした。

しばらく歩いていると、「ここだ!」というポイントを見つけました。見つけたというか、ここでやるべきだ、と私が感応したといったほうが正しいでしょう。五合目から少し登ったあたりの、私が龍穴と感じた場所でした。

富士山の龍穴というのは、超古代ピラミッド富士山のエネルギーの通り道なのです。この富士山の龍穴は、ヒマラヤのエベレスト、ギザのクフ王ピラミッドとつながり、長大なエネルギーの流れを形づくっています。こうしたエネルギーの経路を龍脈と呼びますが、大小無数にあって、それが地球全体を覆っているのです。人間でいえば血管です。太い血管のほか毛細血管のような龍脈もあり、各地に存在する小さなピラミッドをつなげて、地球全体をカバーするネットワークを作っています。

つまり、私が、その時、足を止めた場所は、地球をカバーする龍脈の大きな大もとだったのです。富士山を開くには、まさに絶好の場所です。

エネルギー開きセレモニーを始めるとすぐに、いきなり強い雨が降り始めました。同時に風も起こって、急に嵐に襲われ、先ほどお話しした大室山での体験と、同じような状態になっていました。

さらに続けていると、ここでも、奇跡的なできごとが起こりました。セレモニーの最中に、閃光のような光が私の前にバーンと舞い降りてきたのです。雷のように、「落ちた」という感じではなくて、強い光が、「舞い降りた」という印象でした。同時に、龍穴のあたりから、水色の光が湧き起こり、周囲に拡がりました。この時、私は、「富士山が開いた！」と感じ取りました。天と地、言い換えれば、宇宙と富士山のある地球、さらには、龍脈のはるか先にあるギザのクフ王ピラミッドとヒマラヤがつながって、エネルギーの経路である龍脈に、エネルギーの流れが復活したのです。木花咲耶姫神、九頭龍神、それに五島列島からつながるジーザス・クライストのサポートによって、富士山開きが成功したのです。

閃光のようにきらめいた黄金の光は、富士山が超覚醒し、富士山とギザのクフ王ピラミッドとヒマラヤがつながったしるしです。同時に、世界をつなぐ龍脈が通り、大小の多くのピラミッドが起動した、ということです。

繰り返しになりますが、世界に点在するピラミッドの大もとは、日本の富士山です。つまり、心臓のようなもので、たとえ、血管が元気でも、心臓が弱ければ十分なエネルギーを全身に届けることができません。また、心臓が元気でも、龍脈が詰まってしまったら、血管梗塞《こうそく》のような状態になってしまい、エネルギーが届きません。

四年半前にギザのピラミッドを開き、それだけでは十分ではなかったところへ、今回、富士山を開くことができた。これで、世界に散らばる大小のピラミッドのすべてが、起動したのです。

天・地・人が、つながった！

封印されていた超古代ピラミッド富士山。地球上でNo.1のエネルギーと霊性を備えたピラミッドとしての富士山が、大覚醒を果たした。これは、言葉を換えると、ピラミッドのエネルギー体であるオクタヒドロンが象徴する「天―地―人」が、完全につながったということです。オクタヒドロンの上頂点にある高次元水晶と、下頂点にある完全反射ダイアモンドとが、完全に起動した、ということ。つまり世界中のピラミッドが「天―地―人」のつながりを持ち、起動し始めたということです。

人は皆、ピラミッドの影響下にありますから、つまりは、世界中の人々に、「天―地―人」のエネルギーが目醒めた、と見ることができます。宇宙の叡智《えいち》を受け取る能力と、地球の叡智を受け取る能力。それを自分のハートを通して、受け入れる能力。そうした力が開放され、超覚醒を果たしたのです。これは、後述しますが、今まで隠されてきた高次元フリーエネルギーが世に出た、ということでもありました。

富士山開きの後日談

今回のエネルギー開きリトリートツアーに参加した方は、感応力が高く、エネルギー開きを通じて、さまざまなものを感じていたようです。また、エネルギー体が見える、という方たちもいました。あとで聞いたところでは、ある人いわく、私が龍穴の前でエネルギー開きセレモニーをしていた時、私の身体が富士山の頂上まで引き上げられ、火口からまっすぐに富士山の中に急降下していくのが見えたそうです。天上から富士山の中心に光となって勢い良く降りていった、と聞きました。彼女が見たのは、エネルギー体としての私なのですが、私が富士山を開くことで天と人と地がつながったことを考えれば、まったくその通りのことが、エネルギー的に行われたのでしょう。

エネルギー開きのセレモニーが終了したところで、私は、参加者の皆さんに、おのおので龍穴の前で祈りを捧げるように促し、湧き起こっていた覚醒のエネルギーを浴びてもらいました。その時は、参加者の中にも、感極まって泣き出す方が続出し、中には、「本当

富士山を開いた直後の、五合目での集合写真

の自分とつながれて、良かった」と号泣していました。

上掲は、セレモニーを終えた直後に、五合目で撮った集合写真です。この時の皆さん、とても良い顔をされていたのが、今も印象に残っています。

その後は、富士山本宮浅間大社で木花咲耶姫神に正式参拝にて再度お詣りし、報告と感謝のお礼をしました。無事に富士山が開かれたことを、皆で祝いました。

今回、私は、参加者の皆さんに、私のエネルギーを注入したヒマラヤ水晶の小さな石をプレゼントしました。皆は、これを持ってセレモニーに立ち会いました。また、私自身は、山梨県の乙女鉱山という場所で採れた水晶原石を持参しました。乙女鉱山は龍脈によって富士山とつながっていて、富士山を開くには欠かせない、と持ち込んだものです。

こうしたアイテムは、意識を集中させる際の受け皿にしたり、波動によって共鳴させてパワーを増幅させたりと、さまざまに使えるものです。今回は、私の乙女鉱山の水晶に加え、参加者全員にも水晶を持たせたこともあり、富士山を強力に開くことができました。

このことで、地球上のピラミッドがすべて、同じ振動数で共鳴することになりました。それが、高次元フリーエネルギーの起動につながり、人々の意識が不安や恐怖に支配されるのではなく、ブラック・ホワイトホールによって、夢と希望によって満たされる未来へと向かうことになりました。新しい人類の生き方が、強力に示されたと思います。

富士山を巡る、もうひとつの神

富士山のエネルギー開きは、こうして幕を閉じましたが、実は、今回のツアーでは、別の収穫もありました。

エネルギー開きを終えた後で、私たちは、富士山のふもとにある、再建された不二阿祖《ふじあそ》山太神宮《やまだいじんぐう》に向かいました。ここは、とても大事な神宮ではあるのですが、観光客がほとんど訪れないところです。

ここは、日本で最初に神様を迎えたところ、つまり、日本最古の神社、ということになっています。ここに神社を古代において最初に創建したのは、富士山のふもとに存在した古代富士王朝で、主祭神は元主一太御神《モトスハジマリオオミカミ》でした。始まりの神であり、宇宙神ともされています。

そして、私の超古代リーディングでは、第十一代ムー王朝のあったところとなります。ここは、私と共鳴する大宇宙大和神が、別の形である元主一太御神として鎮座するところ

不二阿祖山太神宮

です。ですから、私が富士山を開く際には、こちらにも参詣する必要がありました。

ここでは、富士山五合目のように天候が荒れることもなく、すみやかにセレモニーが完了し、第十一代ムー王朝のエネルギーも復活させることができました。古代富士王朝は、そもそも、十一代ムー王朝の末裔であり、この神社のある場所が、彼らの本拠地だったのです。つまり、この神社は、レムリア文明とムー王朝のパラレル過去生をもつ私にとって、非常に所縁《ゆかり》深いところだというわけです。

超古代富士は、私を待ちこがれていた！

本書でも何度か触れましたが、富士山がNo.1の超古代ピラミッドだということは、私には、かなり前から分かっていました。その超古代ピラミッドを覚醒させるには、エネルギー開きをする必要がある。そして、富士山だけでなく、富士山との関わりが深い不二阿祖山太神宮も開かなくてはならない、と感じていました。実際に、主祭神である元主一太御神から、「エネルギー的に再建してほしい」という高次元の呼びかけを、受けていました。

この神社の創建はとてつもなく古いのですが、富士山の火山噴火被害やそれに伴う地震などによって、何度かの荒廃と再建を繰り返しています。現在の社殿は、二十年ほど前に再建されたものなのですが、きれいに創り替えても、エネルギー不足はいかんともしがたかったのです。そのため、元主一太御神が私に呼びかけ、エネルギー開きを求めたというわけです。

ギザのクフ王ピラミッド、富士山、そして、古代富士王朝。不二阿祖山太神宮は、本来なら、富士山エネルギー開きの前に開くところが、「後開き」になってしまいました。それでも、元主一太御神は喜んでくれました。

後から知ったことですが、参加者の一人が、ここで私がエネルギー開きをしている際に、元主一太御神の声を聞いたそうです。その言葉の中で、元主一太御神は、「大宇宙大和神を有するドクタードルフィンよ、来てほしかった、待っていたぞ」と語ったそうです。

私が富士山を開くためにこの地にやって来る、大宇宙大和神として、必ず、ここにも来るはずだ、と。そうした想いが的中し、エネルギーが開かれたことを、喜んでくれたようです。

最後の仕上げ、富士の青木ヶ原樹海開き

富士山を超覚醒させて、古代富士王朝も開いた。ギザのクフ王ピラミッドはすでに起動していて、そこにつながる龍脈を開いた。つまり、発電設備にたとえると、発電機はバージョンアップ完了、制御盤も動作チェックＯＫ。分電盤もちゃんと機能していて、各部の配線も問題なし、という状態にまで、持っていくことができました。あとは、接触不良の原因になりそうな電気部品のサビ落としや、可動部分の手入れ、グリスアップなどを行って、ゴミやホコリを取り除けば、エネルギーの供給体制は維持できます。そのための最後の仕事が、青木ヶ原の樹海を開くことでした。

富士山と古代富士王朝を開いた翌日、私たち一行は、富士の青木ヶ原樹海に向かいました。鬱蒼《うっそう》として、昼でも暗いところが多いのですが、それ以上に、空気の重さ、エネルギーの重さには閉口しました。樹海といえば、いろいろな単なる噂《うわさ》から、冗談では済まない危険な事例まで、さまざまな話が飛び交っています。それだけに、周辺にただようエネル

ギーは悲しみと怒りに満ち、ずっしりと重くなっています。

しばしば、テレビの特番などで、富士の青木ヶ原樹海が取り上げられることがありま す。樹海に分け入って、何事もなく出て来られれば良いのですが、そうはならないこともあります。霊能者を連れていっても、「祓《はら》いきれない」ということもよくあるようです。そういうケースは実際に起こりえますし、無理をして強行すると、何らかの祟りを被ったりします。

軽い気持ちで入っていく場所ではないし、近づかずに済むなら、それに越したことはありません。たとえ、霊能者であっても、その力が十分でなければ、祓うことも鎮めることもできない、ということにもなりかねません。必要以上に恐れることはないけれども、そのような場所だ、ということは知っておくべきだということです。

癒しを待っていた大勢の魂たち

先ほども話しましたが、今回の参加者の中には、霊的なものを「見える」人がいました。ですから、青木ヶ原樹海に入った時には、いろいろと目にしていたようです。私がエネルギー開きに適した場所を見つけ、さっそく、癒しのセレモニーを始めると、彼女が突然叫びました。

「先生、来た！　ここに大勢来た！」

どうやら、私が発したエネルギーを感知して、樹海をさまよっていた霊たちが、一斉に集まったらしいのです。私自身は、霊を見ることはなかったのですが、エネルギーの重さで、それらの存在は分かりました。おそらく、樹海中の霊が集まってきている……そう感じました。エネルギーが十分に重さを増したところで、癒しのエネルギーを注ぎました。すると、霊たちにまとわりついていた怒り、悲しみといった負のエネルギーが、瞬時に消えました。それまで感じていたじっとりとした重さがフッと抜け、何事もなかったかのようになったのです。

これは、五島列島の隠れキリシタンの癒しの時と同じでした。これで、青木ヶ原樹海に満ちていた悲しみと怒りのエネルギーは、すべて癒されました。

あれだけの重いエネルギーを一瞬で癒すことができるのは、広い世の中を見回してみても、私だけでしょう。もしかしたら、樹海をさまよっていた霊たちは、私が来ることを知っていて、癒しを待っていたのかもしれません。エネルギー開きを始めたとたんに、我先に群がってきましたから。いままでは、彼らは癒され、富士の青木ヶ原樹海は平穏な状態を取り戻しています。

すべては偶然ではなく必然

こうして、エジプト・ギザから富士山に至る、一連のエネルギー開きは完了しました。

あらためて思い返してみると、ずいぶんと大きなことをしたなぁ、と我ながら思います。思うたびに興奮する私がいまもいるのです。

このタイミングで私が富士山を開いたこと、ギザのクフ王ピラミッドともども超覚醒させ、世界のピラミッドを結ぶ龍脈を起動させたこと。これには、やはり、大きな意義があったと考えています。それは、一見すると、偶然の重なりなのですが、すべてがより高次の意識によってプランニングされ、それが私をサポートすることで起こった、必然でした。

第二章

高次元フリーエネルギーとは何か

私が富士山のエネルギーを開いたのは、二〇二二年九月十九日。ですから、その日を境に、世界の情勢はゆっくりと、しかし、大きく変わっています。食糧問題やエネルギー問題、あちこちで起こっている紛争。もちろん、目に見える大きな変化となって表れるまでには時間がかかるものもありますが、富士山が開いたことで、世界の舵取りが変わりました。報道の仕方なども、この日から少しずつ変化していると思います。この変化を生み出したものが、高次元フリーエネルギーです。

この高次元フリーエネルギーのフリーエネルギーという言葉自体、現在は、いろいろな意味合い、いろいろなレベルで使われてしまっていて、高いレベルでの正しい定義付けができていない状態です。フリーエネルギーについて書かれた書籍やサイトを見ても、多くが的を射ていませんし、まれに、専門的に書かれたものがあっても、述べていることは、やはり、本質から外れていたりします。

フリーエネルギーに対する多くの人々の認識のうち、代表的なものは、「無から生み出される有」というものでしょう。どうも、禅問答のようですが、ひと言でいえば、こうなります。

たとえば、エンジンを動かすにはガソリンや軽油が必要です。電灯を灯すなら電気が必要です。そして、家庭にある機器は、電気、ガス、石油、原子力などの燃料を使い、発電機で起動されます。クリーンエネルギーとしては、太陽光や風力のエネルギーを変換しています。

このように、多くの人がイメージするフリーエネルギーは、これらのエネルギーを生み出す源がなくても、生み出される力……という理解にとどまっているのです。完全に間違いというわけではないのですが、本質には届いていません。

力を生み出す仕組みや燃料がないのに、その力を生み出せる。普通に考えれば、物理的に成り立っている三次元世界で、そんなことができるはずがありません。

しかし、三次元での法則を超えた高次元でとらえていけば、フリーエネルギーがどういうものかが理解できます。なぜ、私が、そこまできっぱり断言できるかといえば、それは、私が高次元と強くつながっているからです。高次元フリーエネルギーとはどういうものので、どのように作用するのか。それを知っているからです。

未知・未開発の「高次元フリーエネルギー」

私たちが暮らす三次元のこの世界では、力は、物理的な作用や変化によって起こります。

ロウソクに火を灯すと、ロウが溶けて燃焼し、光エネルギーと熱エネルギーに変化します。車のエンジンの場合は、ガソリンを燃焼させ、運動エネルギーと熱エネルギーに変換しています。風力発電は、空気の移動という物理的な力を使って発電機を回し、太陽電池は、太陽の光エネルギーを電力に変換しています。

こうした物理的作用は、高次元では、「意識的作用」に取って代わられます。ですから、高次元では、意識することでいろいろなことを実現していきます。もちろん、それには個人差があり、実現する力の強弱、実現までの時間の長短はあります。その「実現する力」が、フリーエネルギーの正体です。

私は今まで、六十冊以上の著書を刊行して、その中で、高次元星文明の存在のことを多く書いてきました。そこで触れていますが、高次元の星文明においては、その存在が意識したものが、すぐに実現化します。これは、彼らのフリーエネルギー力が、格段に高いためです。意識が高次に達していますから、それ以上の気づきや学びの必要性はほとんどありません。ですから、私たち人間のように、願った未来を実現できずに、苦しみ、もがくということがありません。

よく、「意識を変えれば、人は変われる」といいます。あれは、決して、間違いではありません。しかし、三次元のこの地球では、どうしても、言葉だけの印象を受けます。それは、地球ではフリーエネルギーのレベルが低く、なかなか想いが実現しにくいためです。

ですから、地球のフリーエネルギーのレベルを高め、それを利用することができるようになれば、意識したことを実現し、体験することができ、多くの人々が、「もがく心」や「とらわれる心」から解放されるのです。つまり、高次元フリーエネルギーとは、自由になるために、自由に活用することのできるエネルギーなのです。

異次元につながるブラック・ホワイトホール

高次元フリーエネルギーを語る際には、いくつか、大事な点があります。まず、最初に話しておきたいのが、「ブラック・ホワイトホール」です。

ブラックホールといえば、多くの方が聞いたことがあるでしょう。末期を迎えた星がとてつもない勢いで収縮した末に生まれる、非常に大きな重力を有し、光さえも抜け出せない、とされるエネルギーポイントです。

これが、現代の宇宙科学におけるブラックホールの解釈ですが、私の高次元的解釈は、かなり異なります。

まず、「ブラック・ホワイトホール」という名称通り、ブラックホールは、高次元と低次元とをつなぐ出入口であり、低次元側から見ると黒く、逆に、高次元側からは白く見えます。つまり、ブラックホールとホワイトホールは背中合わせの存在であり、次元をつなぐ通路として機能する、というわけです。

ですから、高次元にある宇宙人たちは、この通路をうまく使って、遠く離れた星や次元から、ほぼ瞬間で移動できてしまいます。

もうひとつ、このブラック・ホワイトホールは、大きなものから小さなものまであり、そのサイズはまちまちです。天体レベルのものは、かなり大きなものですが、逆に小さなものでは、それこそ、素粒子レベルのものも存在します。

また、ＮＡＳＡが発表したように、宇宙空間の特定の座標に存在するのではなく、実は、時空間のどこにでもあるのです。ある……というより、「生まれる」と言ったほうが正しいでしょう。時空間のどんなところにも、宇宙にも、海中にも空中にも、どこにでもあります。私たちの身体の中にも、たとえば、血液や細胞の中でさえ、「ここにブラック・ホワイトホールがある」と設定したとたんに、そこに現れます。

これは、私たちが、多くの宇宙に、エネルギー体としてパラレルで存在していて、意識をフォーカスすることで、パラレル変換する仕組みと同じです。日本にもニューヨークにも、一光年先のどこかの宇宙にも、異なる「自分」は存在しているものの、意識が、「いまここ」に向いているために、「いまここにいる自分」が発現しているだけです。

私たちがパラレル宇宙の異なる自分に移行する場合、このブラック・ホワイトホールを通って移行することになるのですが、意識が十分に「いまここ」にないと、この出入口は開かれません。

また、これまでは、パラレル宇宙の扉がとても開きにくかったため、必要なもの、求めるものを、ブラック・ホワイトホールを通じて高次元から取り出す、ということができませんでした。

しかし、超古代ピラミッド富士山エネルギーを開いたので、この出入口は開きやすくなりました。変わる力を高次元から引き込むことができます。ブラック・ホワイトホールにコードを差し込んで、高次元の世界から力を降らす、とイメージすれば、分かりやすいかもしれません。三次元の地球で見ると、何もないところから力が生まれているように見えるのですが、これが、高次元フリーエネルギーです。

世界中のピラミッドの中心である富士山が超覚醒したために、とても大きな宇宙のエネルギーが舞い降りるようになりました。別の言い方をすれば、ブラック・ホワイトホールの扉が開き、地球と高次元がつながったのです。

世の中が大きく動いていく時というのは、この高次元フリーエネルギーが活性化しています。ブラック・ホワイトホールからの高次元フリーエネルギーを利用して、望む自分と望む社会を実現させる、ということが可能になります。この手法を使えば、人と世界はどんどん変わっていくのです。

高次元フリーエネルギーを意識で起動させる

富士山を超覚醒させ、高次元フリーエネルギーのブラック・ホワイトホールを開いたことで、この三次元世界で、「望みを実現する力」は格段に上がりました。自分はこうありたい、こうなりたいと願い、望むことを実現する力が強まったのです。これが、私が富士山を開いたいちばん大きな意義です。また、今は、まだ、正しい本質の理解が広がっているとは言い難い「高次元フリーエネルギー」そのものに対しても、理解が進んでいくだろうと感じています。

そもそも、はるか昔には、地球でも、高次元フリーエネルギーが使われていました。超古代レムリアの霊性文明時代、人類が半透明の身体を持っていた時代です。彼らは、意識することで、モノを動かしたり加工したりということを行っていました。現在の私たちにとっての電力のように、彼らは、高次元フリーエネルギーを、ごく当たり前に使っていたのです。古代エジプトの時代にも、一部の高次元フリーエネルギーが使われていました。彼らは、その力を使って、大きな石を浮かせ、動かし、ピラミッドなどの立派な建造物を、数多く創りました。

高次元フリーエネルギーとは、「浮かせる力」や「動かす力」の大もとです。それらの力を発動するのが、高次元フリーエネルギーなのです。

高次元フリーエネルギーは、望む結果をもたらす力です。できるだけご理解いただけるように、いろいろな言い方をしていますが、もしも、混乱しそうになったら、「高次元フリーエネルギーとは、意識によって生まれる無限大の力である」というところに立ち返ってください。三次元的・物理的なエネルギー源や仕組みではなく、それらを生み出す大もとです。

高次元フリーエネルギーを使った「穏やかな爆発」

高次元フリーエネルギーは無限大の力だ、というところまでお話ししたところで、次に、個の意識と集合意識についてお話ししましょう。

今回の富士山開きで、私は、「穏やかな超覚醒」という方法をとりました。高次元フリーエネルギーのブラック・ホワイトホールが開いた状態であれば、多くの人々が願う「富士山は噴火しない」という意識を、現実として降ろすことができます。今も、多くの人が、コロナウイルスに対する不安や恐怖心を程度の差こそあれ持っています。その集合意識を、ブラック・ホワイトホールを通して、平和のエネルギーに書き換えることもできます。集合意識である不安や恐怖心を手放すには、愛と感謝の意識を強化する必要があります。それは、世の中の多くの事象……政治、経済、社会情勢なども、よく影響をもたらします。

このように、集合意識は、大きな対象にも作用しますが、個人レベルでも、意識は、十分にそのエネルギーが高くなると、集合意識を飛び越えて、本人の身体と人生に強く作用するようになります。しかし、個人の意識は、世の中を覆う集合意識と比べると、通常は、絶対的なパワーが段違いに小さいため、通常は、集合意識に呑まれてしまう、ということになっているのです。

たとえば、食品です。

日本でも、もうずいぶん前から健康志向が広がっていて、個人差はあっても、食事に気を遣う人は増えている印象を受けます。調味料、各種の食品添加物。身体に悪い、毒だといわれるものは、できるだけ遠ざけている……という人は少なくないでしょう。そして、これが、集合意識を形づくります。「コンビニ弁当は、身体に毒だ」とか「添加物を摂りすぎると、ガンになる」とか。過度に神経質になっている人が多く見受けられます。

こうした集合意識が形成されると、それが、個人の意識を歪《ゆが》めてしまいます。何しろ、絶対的なパワーが違いますから、ほとんどの人が集合意識に呑み込まれてしまいます。そして、それほど心配するほどでもないのに、「この食生活では、ガンになってしまう」という意識が本人の中に刷り込まれ、その意識が、本当にガンを生み出してしまう。「病は気から」といいますが、こうしたことは、本当に起こります。集合意識が、悪い結果を招いてしまう例です。

自分の身体をコントロールする方法

では、よりよい自分になるためには、どうすれば良いでしょうか?

いちばん現実的なのは、集合意識の範囲内で、自分自身との折り合いを付けていくことです。確かに食生活は大事だから、食べるものには気をつけよう。忙しい時には、コンビニ弁当でも仕方なしとして、余裕がある時は、きちんとした食事を摂ろう。栄養バランスにも気をつけたほうがいいな……、というように。不安や恐怖、無理を感じない範囲内で、集合意識との折り合いを付けるのです。

しかし、最も理想的な方法は、自分自身の意識を高くして、必要に応じて、ブラック・ホワイトホールから自分の身体にプラスになる高次元フリーエネルギーが流れ込むようにすることです。

この点については、私自身を例としてお話ししましょう。

私は、炭酸飲料が大好きです。また、アイスクリームやプリンが好きで、よく食べます。

私くらいの年齢で、この食生活となれば、医者でなくても、「身体に良くないのではないですか?」と言いたくなるでしょう。でも、こんな食生活であっても、意識により物質変換を実現させて、私の体重は減り、ことに富士山を開いてからというもの、三ヶ月で十キロ以上の減量をしました。健康で、良好な状態です。

なぜこうなるかというと、炭酸飲料にしてもスウィーツにしても、「私の身体にとって、これは良いものである」と意識設定をして、高次元フリーエネルギーを身体に作用させているからです。つまり、集合意識を超越して、自分だけに働く力を創造しています。糖分を摂ることで血糖値が上がりますが、その時に、高次元フリーエネルギーが作用します。そして、「身体に良いものなのだから、スムーズに吸収しよう」と身体が反応し、インシュリンの分泌具合を調節して、血糖値を穏やかに調節する方向に働くのです。

そもそも、個人の意識エネルギーが高まってくると、食べる必要性が減っていきます。食べないなら食べないでも大丈夫という具合です。栄養というものが、それほど重要ではなくなってくるのです。そして、食べる内容が、あまり身体に影響しなくなります。

結局のところ、いま、何が良くて何が悪いのかは、集合意識によって何となく決められているのです。しかし、集合意識がすべての個人に当てはまるわけではありません。何が良くて何が悪いのかは、本人の個の意識が決めることなのです。

とはいえ、私が使っているこの方法は、私以外の方には、難しいかもしれません。しかし、集合意識を超越するだけの飛び抜けた意識エネルギーを有することができれば、高次元フリーエネルギーが開放されたいま、可能になっていくでしょう。私の教えを受け入れて、意識エネルギーを上げる人々が増えていけば、そういう世界になるはずです。

高次元のパラレル宇宙とつながる

高次元フリーエネルギーは、ブラック・ホワイトホールを利用することで利用可能になります。これは、「パラレル宇宙とつながる」ということと同義です。ですから、高次元フリーエネルギーが起動して、それを自在に使いこなせるようになれば、私たちは、大きく変わることになります。

たとえば、空を飛びたいのなら、空を飛ぶのが当たり前のパラレル宇宙とつながり、その能力を手に入れられるようになります。個人の意識レベルが十分に上がれば、意識ひとつで自分の人生を作ることができるのです。そうした個人の意識が理想的な世界を作っていた〝レムリア文明時代〟を再現することもできるのです。

ただ、高次元フリーエネルギーが起動したからといって、身体と人生を自在にコントロールするというのは、多くの人々にとって、とても難しいことです。不安や恐怖、迷いといったものが、必ず入り込んでくるからです。もし、失敗したら、もし、間違えたら、このような意識が少しでも湧き起こると、意識は、そうしたマイナス部分を増幅していきます。すると、高次元フリーエネルギーを生み出すブラック・ホワイトホールが閉じてしまいます。

望みが叶わない……と悩む人は、意識の中に、不安や疑念、迷いがあるからなのです。そうした意識の曇りが一点もなければ、意識がブラック・ホワイトホールに作用するのです。

その点でいえば、余計な情報に触れない、必要以上に知ろうとしない、ということも、マイナスを避けるためには、逆説的な意味で有効でしょう。

「このサプリ、身体に良いんだよ。飲んでみたら？」

「へえ、そうなんだ。じゃ使ってみるよ」

疑いを持たずに、こんな具合で始めたほうが、マイナスを引き寄せずに済むかもしれません。逆に、含有成分やら配合やらをあれこれと調べていくと、「この内容では効果はないのではないか」とか、「良くないものが、あれこれと混ざっているみたいだ」などと、入ってくる情報がマイナス側に働き、やがて、「本当に飲んで大丈夫なのか？」という不安や疑念につながっていきます。

自分の意識エネルギーを高く持って、「これは自分に良いもの」と、ただ、設定すればよいのです。

自分の意識を強く保つこと

人の意識エネルギーレベルには差がありますし、考え方の違いもあります。高次元フリーエネルギーが起動したからといって、すべての人々の意識が、高いエネルギーで横並びになり、レムリア文明のような理想的な時代が、突然やって来るわけではありません。その方向に舵が切られたばかりであって、ほとんどの人にとっては、まだ、変化を感じられないはずですし、一人ひとりの身の上には、顕著な変化も起こってはいないでしょう。

ですから、先ほどの食事やサプリの例にしても、集合意識に引きずられてしまう人が多いのです。それでも、これからは、突き抜ける人も出てきます。そのような存在になるためには、意識をマイナスに傾けないようにすることです。

意識レベルの違いは、あって当然ですし、必要なものでもあります。ただ、大切なのは、自分にとっての良し悪しは、集合意識が決めるのではなく、自分の意識が決めるということ。また、そのことに、多くの人々が気づき始めるチャンスが、高次元フリーエネルギーが開かれたことで得られた、ということになります。ここから、人それぞれの意識レベルに応じて、段階を踏んで、高次元フリーエネルギーを自在に扱える社会に向かっていくのです。

私は、富士山を開くことで、ブラック・ホワイトホールを起動させることになりました。ただ、ブラック・ホワイトホールを通じて高次元フリーエネルギーを扱うには、個人が、意識によって、ブラック・ホワイトホールを開けるようにならないといけません。これは、人によって、違いが大きいところで、大きく開くかわずかしか開かないか、そうした差が起こります。

しかし、高次元フリーエネルギーを扱えるようになれば、それを、自分の望むように使えます。「健康でありたい」とか、「裕福になりたい」とか。

ただ、個人間での意識エネルギー差というのは残るにしても、これまでのように、「集合意識に呑み込まれる」という現象は、間違いなく減っていくでしょう。今までは、個人の意識の上でも、集合意識の存在が非常に大きかった。そのため、個人の意識を歪める同調圧力というものが、強く作用していました。しかし、その傾向は弱まっていきます。常識、固定観念、エビデンスといった、判断と行動の根拠を、自分自身の意識で創り変えればいいのです。

もちろん、すぐには変わりません。しかし、確実に、変化は起こります。

人の身体も、変化していく

高次元フリーエネルギーが起動したことで、人の意識は変化していきますが、その影響は、身体的な面にも表れます。これは、高次元フリーエネルギーによって身体が変化する、ということでもあります。変化といっても、見た目には何も変わりません。ただ、全体的な特性が違ってきます。

たとえば、半透明の宇宙存在……アルクトゥルス星文明やベガ星文明、リラ星文明の存在などは、私たちにとって猛毒である水銀や青酸に、彼らが触れても、平気です。それは、彼らが珪素《けいそ》性存在であるからです。

食品添加物や有毒物質も、もし、私たちが珪素性存在であったら、誰も気にすることはないでしょう。害にはならないからです。

しかし、私たち人間は、炭素で構成された炭素性存在ですので、これらの物質に対してどこまで耐えられるか、その限度がほぼ決まっているのです。有害物質に対する限界値、あるいは閾値《いきち》というもので、ここを超えると、人体に有害な反応が表れることになります。

私は、その閾値が一般の人々よりも高いのですが、やはり、人間として地球に生きている以上、限界はあります。

しかし、高次元フリーエネルギーが起動したことで、人類においては、身体の炭素が珪素に物質転換されていくようになり、この閾値が引き上げられる方向に向かいます。それまで敏感に反応していた化学物質に対しても、反応の閾値が上がることで、耐性がつくようになります。

さらに意識次元が上がれば、先ほどお話しした私のように、炭酸飲料やアイスクリームを口にしても、「これは自分にとって良いもの」という意識の設定を使って、高次元フリーエネルギーの作用により、悪い影響を排除できるようになります。こうなれば、何に対しても、必要以上に恐れずに済むのです。

ただ、繰り返しになりますが、これは、簡単には、うまくいきません。十分な意識エネルギーを持たず、見よう見まねでやったところで思うようにはいきませんし、意識レベルによっては、有害なものを身体に入れることになってしまうかもしれません。

しかしながら、理論として知っておくべきだろうと思います。これは、高次元フリーエネルギーの重要な知識だからです。

日々の生活の中で、人々は、健康、財産、仕事、人間関係などの領域で、大小さまざま、種類もいろいろな、不安や恐怖を感じています。それを完全に消し去ることは、今すぐにはできません。しかし、高次元フリーエネルギーが起動したことで、間違いなく、それを、夢や希望という方向に変えていくことができます。常に心を去らずにいた不安と恐怖が、溶けるように消えていく方向に、舵は切られたのです。

高次元フリーエネルギーのさらなる活用法

高次元フリーエネルギーを、実際に活用する方法についても、お話ししておきましょう。

まずは、電力と比べて、ご紹介します。

電池に電球をつないでスイッチを入れると、電球が灯ります。この時、回路の中には電流が流れている、ということになります。言い換えると、回路の中で電子が連続的に移動している、ということです。電子はマイナスの電荷を持ちますから、電池のマイナス極に反発し、プラス極には引き寄せられる。これが回路の中に電子の流れを生み、電流となります。ですから、回路に電流を起こすことさえできれば、それを使って、電球を灯したり、モーターを回したりできます。

過去には、そうしたことができる人が、ときどき見られました。電球を手に持っただけで、あるいは、口にくわえるだけで、明るく灯す、というような。私自身が実際に検証したわけではありませんから、詳細は分かりませんが、こうした現象は、「超能力」という言葉でくくられます。「どのようなメカニズムで電流を作っているのか」というところまでは、解明されてはいません。「超能力者の意識エネルギーが、電球を光らせている」という説明がせいぜい、というレベルです。

しかし、高次元フリーエネルギーを理解すれば、この超能力は、シンプルに説明できます。まず、電池を外した回路を用意しておきます。次に、意識によってブラック・ホワイトホールを開き、高次元にアクセスして、電子を移動させる環境の力を取り出します。これを回路に作用させれば、電池がなくても電球が灯ります。つまり、「意識の力が電球を光らせる」という説明から一歩進んで、「意識の力によって生み出された高次元フリーエネルギーを回路に作用させた結果、電流が起こり、電球が灯った」ということになります。

巨岩を持ち上げ、自在に動かす

次に、超古代人たちが盛んに行っていた、巨石を浮かび上がらせ、運ぶ方法。これは、日本の「磐座《いわくら》」をはじめ、各国に存在する巨石遺跡にも同じことがいえます。これも、意識による高次元フリーエネルギーの活用法のひとつでした。

まず、意識によって、ブラック・ホワイトホールを開きます。ブラック・ホワイトホールは、低次元である地球から見ると、強い吸引力を持つ黒い穴ですから、この吸引力を、岩を浮かせるための反重力として使う、というわけです。動かしたい岩の大きさや重さに見合うだけのブラック・ホワイトホールを集合・連結させ、同時にホールを通じてアクセスした高次元から、重力をコントロールできるだけの高次元フリーエネルギーを取り出し、制御に使います。

意識によってブラック・ホワイトホールを開き、その吸引力とともに、「高次元につながる穴」という性質を利用して、高次元から必要な高次元フリーエネルギーを取り出し、使う。これが、巨石における、高次元フリーエネルギーの実用例です。

パラレル変換と高次元フリーエネルギーによる変化の違い

パラレル変換による変化と高次元フリーエネルギーによる変化。この両者の違いについても、説明しておきます。

まず、パラレル変換は、高次元宇宙とのポータルを開いて、別次元に生きる自分に乗り移ることを指します。たとえば、「リッチになる」と意識設定して、自分がリッチになっているパラレル宇宙に移動する。そこにいる自分は、これまでの次元とは別の自分です。しかし、その次元では、あなたはもともとリッチな存在ですから、周りの人間は何も驚かない。リッチなあなたを当然と認めて、接するわけです。そして、あなたも、以前からリッチであるわけです。

高次元フリーエネルギーの場合は、ブラック・ホワイトホールを利用して高次元からエネルギーを引き出し、それを自分が変わる力として活用する。自分を変えたり、能力を強化する。前述の電球を灯す話でいえば、ある日、突然、あなたは、「触れるだけで電球を灯す」という超能力を身につけたように感じる。これは、周囲の人たちにとっては、注目の的となります。

まとめると、パラレル変換は、「別次元に生きる、別の自分、に乗り移る」こと。高次元フリーエネルギーによる変化とは、「高次元から取り出したエネルギーで、自分を変える」こと。こうした違いがあります。

パラレル変換による変化と高次元フリーエネルギーによる変化を組み合わせて使うと、

魔法のようなことも可能になります。たとえば、宇宙の高次元存在と交流する。あるいは、自分が宇宙人になる。そして、最終的には、いまの自分に戻る。これを瞬時に行うと、何も変わっていないように見えます。

さすがに、このレベルの変化は、相当な意識レベルでないと、できません。ただ、この仕組みを知っておくと、望む自分に変わるコツになります。若返ったり、容姿を変えたり、ケガや病気を治したり、運動能力や仕事上のスキルを飛躍させる、ということもできるようになります。これは、高次元フリーエネルギーのなせるわざです。

レムリア文明の存在たちは、高次元フリーエネルギーのこうした使い方に長《た》けていました。ですから、レムリア文明には、悩みや病気がありませんでした。なぜなら、すべてを、意識によってコントロールできたためです。

大昔には、人類の中にも、超越した存在がいました。昔話に出てくる、魔法使いや達人たちです。彼らは、実際に存在していたものの、地球の集合意識レベルが落ちていき、高次元フリーエネルギーを扱うことが難しくなったため、やがて、その能力は絶滅してしまいました。ただ、その力に驚いた当時の人々が口伝えするうちに、神話や童話などの中に残った、ということです。

パラレル変換と高次元フリーエネルギーによる変化は、似て非なるものです。しかし、「願った自分を実現する」、あるいは、「望む能力を手に入れる」という、ほぼ等しい結果を得られます。それは、人類の生き方を大きく変えていくものです。

パラレル変換や高次元フリーエネルギーを扱うことは、いまのところは、誰にでもできることではありません。ただし、高次元フリーエネルギーが起動したことで、その扉が開かれたことは間違いありません。

高次元フリーエネルギーは、使ってこそ意味がある

高次元フリーエネルギーは、すでに起動していますが、重要なのは、それを活用することであり、そのためには、意識レベルを高めることです。せっかく、ブラック・ホワイト

ホールが起動していても、そもそも、その存在を知らなければ、何の役にも立ちません。また、そうしたものがあるということを知っていても、どのように意識を使うのかということを身につけなくては、活用できません。意識の使い方までたどり着いても、いざ実践という段になって、「どうせ自分には無理だろう」などと否定してしまったら、高次元フリーエネルギーを利用することはできません。

ですから、私がこれまでお話ししてきたことや、これからお話しすることを、素直に受け入れてください。

意識をしっかり設定し、的確に作用させることができれば、自分と人生を大きく変えることができます。すでに、そうした方向に環境が整っています。これまでは、富士山が封印されたままで、高次元フリーエネルギーも眠ったままでしたが、これからは違います。

意識したことが現実となり、願った自分が実現する。そうした時代がやってきます。

もちろん、理想が実現する世界が、すべての人に訪れるというわけではありません。それぞれの意識次元レベルによります。

ただ、私が富士山を開き、龍脈を通じて各地のピラミッドを起動したいまは、その環境が違っています。高次元フリーエネルギーを活用できる人が、「一万人に一人」が「千人に一人」程度にまで増え、やがては、「十人に一人」くらいの比率になるでしょう。

これこそ、私が行った富士山のエネルギー開きの大きな意義であり、醍醐味なのです。

第三章

ドクタードルフィンの大予言
――世界はどのように変わっていくのか――

章の冒頭から、少々衝撃的な話になりますが、これから先、世界は国境をなくす方向に動いていくでしょう。

これは、私だけでなく、何人かの人々が、同じようなことを論じています。それは、外的勢力に侵攻され、滅ぼされて……というわけではありません。また、一度に体制がひっくり返る、というわけでもありません。それらの国々を構成する国民の意識に変化が起こり、それまでの体制を維持できなくなって、内側から崩れ落ちるようになくなっていく、ということです。

当面は、アメリカと日本も、国家として残りますが、大きく変わるでしょう。中国も存続しますが、現在の体制がそのまま残っているかどうか、そこは未知数です。おそらく、かなりの変容を果たすのではないでしょうか。でも、それは過程であって、その結果どうなるか、予断を許さないところです。とはいえ、特に、中国にとっては、それも体験しなくてはならない通過儀礼でしょう。

ロシアでも、大きな変革が起こるでしょう。ウクライナとの戦闘状態は、まだしばらくは続きそうですが、中国と同様、国家の枠組みに大転換が起こります。

日本とアメリカに加え、ロシアも中国もヨーロッパも変わるとなると、国家の枠組みが世界規模で変わる、ということになります。新たな世界を創るための、必要な破壊と創造といえるでしょう。

もちろん、これは、いわゆる「終末予言」ではありません。新たな未来です。実際に、こうしたことがいつ起こるかは、明言できません。十年後、三十年後かもしれないし、もっと遠い将来のことかもしれません。

いずれにせよ、「特定の地域に居住する人間たちをひとつに束ねる『国家』という管理体制が、有効に機能しなくなり、内部崩壊を起こす」ということが、可能性として起こりうる状態になっている、ということです。

なぜなのか。それは、世界の人々の意識変化が、加速するからです。

人類の意識が変化すると、世の中は変わります。世論の形成や選挙の結果ということではありません。多くの人々の意識がひとつの方向に固定されることで、そうした結果を持つパラレル宇宙への指向が高まり、集合意識としてのパラレル移行が起こるためです。もちろん……たとえば、日本の総人口を一億三千万人として、そのうちの百人や千人の意識に変化が起きた程度では、そんなことにはなりません。

しかし、私は、すでに、富士山のエネルギー開きに成功しています。それによって、高次元フリーエネルギーが高まっていきます。しかも、四年半前には、ギザのクフ王ピラミッドも開いてありますし、龍脈も機能し始めました。つまり、富士山とギザのクフ王ピラミッド、さらに龍脈の流れを通じて、世界的に意識の変換が起こりやすい状態になっているのです。

加えて、ここ数年は、世界的に不穏な事件が頻発《ひんぱつ》しています。新型コロナウイルスによるパンデミックとロシアによるウクライナへの軍事行動は、国境のない疫病の伝播《でんぱ》や強国の軍事力への脅威などを、世界の人々に、意識の動揺を共通して印象づけました。ここに何か、さらにきっかけとなるような事象が起これば、意識の変換は、さらに加速していくことでしょう。

では、そのきっかけは何なのか。そこまでは、まだ、私にも読み切れていません。世界的な紛争の時代が始まるのか、あるいは、メシアのような存在が現れるのか。ひとつ言えることは、たとえ、紛争の時代に突入したとしても、第三次世界大戦という破滅的な結果を招くことはなく、もっと穏やかな形で変化していくでしょう。

まず大規模な破壊が起こる

多くの場合、人は、変化よりも安定を好むものです。しかし、宇宙の摂理に照らせば、それまでの価値観を逆転させるような大きな変化を強いられることもあります。これは、「ゼロリセット」の力が働くためです。

詳しくは、『0と1』（青林堂）という書籍の中で解説していますが、この大きな意識の変化が起こる過程で、まず、大規模な破壊が行われます。これは、大規模な戦争や地球規模での自然災害ということもありますが、体験による気づき・学びということです。つまり、リセットされるときに、まず、現状がクリアされるというわけです。

いずれにしても、そうなれば、人々は、自らの意識が変わらざるを得ない体験をすることなります。そうなる可能性は非常に高い、と私は感じていますし、おそらくここ三年ほどの間に、何らかの兆候が表れるでしょう。

変化の始まりは、国家間の紛争か、それに準じる事案から起こるような気がしています。日本周辺に限ってみても、中国と北朝鮮の軍事的脅威は強さを増す一方ですし、政府による防衛方針の転換や軍事費の増大も、何か慌ただしい印象を受けます。いわゆる台湾有事もかなり現実味を帯びてきています。このあたりから、変化が起こる気がしてなりません。

いずれにしても、私の見たところ、意識の変換の引き金を良い方向へ引く役割は、日本が担っているようです。

私が、富士山という超古代ピラミッドも含めて、世界のピラミッドを開いたことで、高次元フリーエネルギーが起動して、世界は意識の変換へと舵を切りました。これは、紛れもない事実ですが、その引き金を良い方向へ引くのは、日本です。なぜか？　日本は、世界の意識変化に対して、どのような責任とポジションを持っているのか？　それを紐解くために、遠い過去から現在に至るまでの、人類の歴史と変容を整理してみましょう。

人類の祖先に何が起きたのか

おおよそ四十六億年前、太陽系の星々のひとつとして、地球が生まれました。原初の地球です。そして、長い時間が過ぎ、三十五億年前になって、人類の祖先として、オリオン星のポジティブ文明からイブのエネルギーが、ネガティブ文明からアダムのエネルギーが、現在のマダガスカルの地に降り立ちました。このあたりのことは、『NEO人類創世記』（ヒカルランド）に書いた通りで、私が、二〇二一年十月に、マダガスカルでエネルギー開きを行いました。

さらに長い長い時が過ぎて、およそ五億年前、火星人のDNAが地球の原始猿のDNAに入ってきました。そこに、オリオン星文明由来の人類大もとのDNAエネルギーが、さらにハイブリッドしました。この時代は、科学的にはカンブリア紀とされ、海の生物の時代でしたが、現在の人類にとって遠い先祖にあたる原始猿が、すでに複数種、存在していました。便宜的に、イエローモンキー、ブラックモンキー、ホワイトモンキーと分類しますが、これは、まさしく、現在の人種分類に当てはまります。

私は、医師つまりは科学者の端くれですが、現代科学のアプローチを頭から信じてはいません。五億年前の地球が海の生物の時代であり、進化の過程で、魚たちが陸に上がり、やがて、哺乳類《ほにゅうるい》が生まれていった、という推論は、本質的に正しくないと思います。逆に、同時代に、原始猿が存在し、火星人のＤＮＡと原始人類のＤＮＡがトリプルハイブリッドされたことは、間違いない事実だと感じています。そして、宇宙の集合意識体である「ＭＯＵ（Mastor of Universe）」、さらには、その意識を統括しているリラ星文明の意識によって、人類が創られました。そのあたりのいきさつは、『至高神大宇宙大和神の守護』（青林堂）にも詳説していますので、興味のある方は、ご覧いただければと思います。
※ＭＯＵ：大宇宙の大もとの高次元集合意識

八百万年前のエネルギー注入

ＭＯＵが、五億年前の地球にトリプルハイブリッドの人類を創らせたのは、地球固有種存在に高次元の意識を持たせて、身体の不自由さのもとで、意識的に、気づきや学びを得らせるという目的があったためです。

ハイブリッド以前の人類の大もとの地球生命存在は、半透明のエネルギー体でしたから、自由度が高く、たいていのことが思い通りになりました。意識すれば、それは実現しました。言ってみれば、「もがく必要がなかった」というわけです。しかし、そのまま地球生命として進化してしまうと、それが当然のことになり、自らが学ぶ機会を失ってしまいます。そのため、敢えて、原始猿のＤＮＡエネルギー、それに、火星人のＤＮＡエネルギーをトリプルハイブリッドして、新しい人類を創りました。

この新人類たちは、不自由から学び、意識の向上を期待されましたが、彼らは、不自由さに慣れてしまい、意識レベルはなかなか向上せず、常に、エゴで生きているような状態であり続けました。意識レベルは、跳ね上がることも、極端に落ち込むこともないまま、なんとなく時間ばかりが過ぎていったのです。そんなことが、五億年近くも、続いていました。

そして、八百万年ほど前になって、再び、ＭＯＵによって地球に関する意思決定がなされ、地球の新人類に宇宙エネルギーをより多く注入しよう、ということになります。

当時の新人類は、宇宙的な視点から見ても、十分に高い潜在エネルギーを備えていたのです。ところが、宇宙から降り注ぐ高次元エネルギーをキャッチできる装置を地球に持っていなかったため、そのエネルギーを活用できずにいました。

基礎的な潜在力は十分なのに、それを有効活用するシステムがないために、実力を発揮できない新人類。当時の地球生命存在は、そのような状態だったのです。そこで、リラ星文明の集合意識を通して、ＭＯＵが、作動したというわけです。

ともかく、そのままではいけませんでした。膨大な宇宙エネルギーを人類に有効に取り込める仕掛けを、地球に創らなくてはならない。こうして創られたのが、いまの富士山の大もとです。そして、ＭＯＵは、この装置を、現在の日本のほぼ中央部、富士山がそびえ立つ位置に創りました。完全な固体ではなく、オクタヒドロンの形態のエネルギー体を、設置しました。これは、古富士よりもさらに古い、原始富士でした。

なぜそこにピラミッドを作ったのか

ここで気になるのは、最初に、なぜ、あの場所に、原始富士――便宜上、ここでは超古代ピラミッドとしておきます――を創ったのか、ということです。もちろん、場所の選択も、MOUの決定によるものですが、これには、MOUを構成するハトホル星文明の意志が反映されました。

ハトホル星文明というのは、「無償の愛」をテーマとする異次元星文明です。彼らは、無償の愛を最も必要とする地球上のある一点に、第一のピラミッドを創るべきだと考えました。この「地球上のある一点」こそが、現在の富士山がそびえ立つポイントなのです。

現在の富士山周辺は、大陸側にユーラシアプレート、太平洋側にフィリピン海プレート、そして北側からは北米プレートと、三つのプレートが集結しているポイントです。当然ながら、多くの地球エネルギーが流入してきます。おそらく、この特性は当時から変わらず、それは、最初のピラミッドの設置場所としてこの地が選ばれた理由のひとつでした。

もちろん、当時の日本周辺の地形は、現在とはまったく違っていましたが、そのポイントこそが、「無償の愛を最も世界に広げる大もと」であったのです。現在の日本人には、特有のDNA配列を持つ遺伝子が組み込まれています。(自著『羊 人類超進化の鍵〝シープリン〟と〝PUA遺伝子〟(ヒカルランド)』参照) これは、欧米人も日本人以外のアジア人も持っていません。日本人だけが持っているもので、無償の愛を起動するスイッチの役割を果たします。ですから、一定数以上の日本人がこのスイッチの存在を知り、起動させれば、世界を無償の愛で包むことも可能になるはずです。これは、私がいろいろな形でお話ししている、「日本から世界が変わる」あるいは「日本人が世界のリーダーになる」ということの、理由のひとつでもあります。

この遺伝子のＤＮＡ配列は、ハトホル星文明の存在由来で、「日本人」のもとになっているいる、レムリア文明のエネルギーを持ったイエローモンキー（原始猿）に組み込まれていたものです。ハトホル星文明は羊をシンボルにしていますが、それは、羊の体内には独特の化学物質があるためで、それによってこの遺伝子配列が起動され、無償の愛を発動する、という仕組みでした。（自著『羊 人類超進化の鍵 〝シープリン〟と〝ＰＵＡ遺伝子〟（ヒカルランド）』参照）

つまり、特定の遺伝子を持つ日本人は、羊エネルギーに触れることで、無償の愛に覚醒しやすくなる、というわけです。

羊といえば、オーストラリアやニュージーランドの人々が常食していますが、彼らは「無償の愛の遺伝子」を持っていません。

現在の世界で、ハトホル星文明由来の遺伝子を持ち、それによって無償の愛を発動できるのは、日本人だけ、ということになります。

ついに姿を現した「古富士」

創造された原始富士は、その頃は、実は、海の底でした。しかし、それがかえって、他の生命体を寄せ付けず、ピラミッドを安全に、長く保全することにつながりました。MOUは、このピラミッドによって宇宙のエネルギーを地球に注ぎ込み、同時に地球エネルギーを吸い上げて、そのエネルギーを、地球全体に拡散させる計画でした。ただし、それは、「時が来たら」という条件付きだったのです。

意識レベルがなかなか向上しない新人類の現状にたまりかねて、MOUが宇宙エネルギーのさらなる補給に動いたのは、事実です。しかし、いきなり、多くの宇宙エネルギーを注入してしまうと、それ以前にMOUが計画していた、「地球人の意識に、気づきと学びを与える」という目的が果たされないまま、新人類が覚醒人類へと急速に次元上昇してしまう可能性があります。それは、リラ星文明が企図したプロセスとは違っていました。

ですから、この時に創られた原始富士ピラミッドは、うまく機能するものではありませんでした。オクタヒドロンとしても不安定なエネルギーでした。人類の意識の進化とともに、宇宙エネルギー受信装置でもある原始富士エネルギーそのものが、少しずつ完全体に近づき、人類の意識の準備が整ったところで、完全に起動するよう、あらかじめセットされたものだったのです。

こうして、時が過ぎ、いまから百万年ほど前の地表の隆起により、富士山の原型が地上に現れました。そして、八十万年前のタイミングで、MOUから、「今、このタイミングで地球人類を目醒めさせる必要がある」という判断が下り、オクタヒドロンエネルギーも安定した、完全に左右対称の形をした古富士が創られました。

それまでの人類は、どちらかというと、自分たちのエゴで判断し、行動していました。しかし、ピラミッド装置として古富士が機能し始め、宇宙の叡智が流れ込むようになると、宇宙の叡智に委《ゆだ》ねる、自然に任せるということが、少しずつできるようになっていきました。こうして、人類は、エゴを減らしていき、自然から学び、行動するようになりました。

しかし、MOUがこのタイミングを選んだことには、別の大きな要因がありました。それは、レムリア文明の消滅です。私が、過去生のレムリア女王として沈んだのが、このタイミングだったのです。このままでは、レムリア文明のエネルギーを組み込んだイエローモンキーの末裔《まつえい》たちが、ダメになってしまう。そのために、MOUが介入して、宇宙エネルギーを地球に注ぎ始めたのです。

本来ならば、地球は、レムリア文明が沈んだ後、すぐに、アトランティス文明に支配されるはずでした。つまり、穏やかなイブ系のエネルギーが、好戦的なアダム系のエネルギーに乗っ取られる予定だったのです。ところが、そうはならなかった。それは、レムリア文明を復活させるべく、その後十五代まで続くムー王朝が誕生し、台頭したためです。

日本と周辺に残るムー王朝の痕跡

八十万年前の地球は、原初の大陸が分離拡散していく途上にあり、ユーラシア大陸や南北アメリカ大陸、アフリカ大陸、オーストラリア大陸などの原型が見られた時期です。もちろん、それぞれの位置関係は、現在とは異なっています。

その頃の地球上で、レムリア文明は、現在の太平洋の位置に存在しました。ハワイ、ニューカレドニア、ニュージーランド周辺から、日本の沖縄、ベトナムあたりまでを含む地域です。アトランティス文明は、中南米近辺の大西洋地域に存在しました。

ムー王朝もアトランティス文明も、レムリア文明と同様、物質的な姿としては、すでに、この世には存在しません。しかし、それらの痕跡は、世界中で、広大な範囲にわたって残されています。

次のリストは、私が高次元古代エネルギーリーディングした、ムー各代王朝が存在した場所です。

〈ムー各代王朝が存在した場所〉（ドクタードルフィンの高次元古代エネルギーリーディングによる）

初代：伊豆諸島・初島

二代：北海道・阿寒湖
三代：壱岐・辰の島
四代：大分・御許山《おもとやま》
五代：青森・三内丸山遺跡
六代：奄美大島
七代：与那国島
八代：京都・丹波
九代：長野・尖石《とがりいし》
十代：長野・阿久《あきゅう》遺跡
十一代：富士山
十二代：高知・唐人駄場《とうじんだば》
十三代：ニュージーランド・クライストチャーチ
十四代：ニューカレドニア
十五代：ハワイ島

私は、これらの場所に出向き、そのほとんどを開いてきました。まだ、手を付けていないのは、四ヶ所あります。

すでにお話ししましたが、このうち、第十一代のムー王朝の末裔が創設したのが、富士の古代王朝です。彼らは、富士山がピラミッドだということを理解していて、それを守ろうとしていたのです。そして、その先に、レムリア文明の復活という大きな目標がありました。ところが、この目標は果たすことができませんでした。

ここから先は、地球をめぐって、ＭＯＵという宇宙意識と、ムー王朝やアトランティス文明といった地球の意識が交錯する、宇宙的駆け引きの様相を呈していきます。

人類に与えられたさらなる試練

自分たちの王朝をその場所にうち立てたことから分かる通り、少なくとも、第十一代のムー王朝は、ピラミッドとしての富士山を信奉していましたし、活用もしていました。ところが、およそ七万年前のタイミングで、富士山……この時点では古富士、が、大噴火を起こし、大量のマグマと火山礫《れき》で、自らを覆い隠してしまいました。そのため、富士山はピラミッドとしての機能を停止してしまい、完全に封印されてしまったのです。なぜ、そんなことになったのか？　誰がピラミッドを封印したのか？

古富士のふもとに王朝を構えた第十一代ムー王朝は、ピラミッドとしての古富士を最大限に活用し、レムリア文明復活のために力を尽くしていました。ところが、何度もチャレンジを続け、第十五代に至ってもなお、レムリアの文明復活が果たせないままでいました。

ムー王朝というのは、レムリア文明ほどではありませんが、文明存在の寿命が長く、三百年ほどの命を持ちます。ですから、十一代から十五代まで、単純計算すると、千五百年ほどの時間があったわけです。原始猿ならまだしも、ハイブリッドにより高度な知的生命体への進化を果たした人類が、レムリア文明復活を果たせないというありさまでした。そこで、MOUは、「さらなる人類の試練が必要だ」とばかりに、富士山を噴火させ、その機能を停止させるという荒技に出たのです。さらに、古富士の封印と同時に、アトランティス文明を前面に出し、好戦的なアダムのエネルギーを開放しました。アダムのエネルギーは、ムー王朝の台頭のために、地球史の表舞台への登場が遅れはしたものの、結局は、宇宙意志の承諾のもと、前面に現れてきたというわけです。

ところが、古富士が封印されてみると、宇宙エネルギーの吸収や地球全体へのエネルギーの拡散がうまくできなくなりました。これは、あまり具合がよろしくありませんでした。表舞台に立つ役者が誰であろうと、レムリア文明に戻っていくための道筋を完全に絶つつもりは、MOUにはなかったので、地球人の気づきや学びを継続的に支援しなくてはならず、そのためには、やはり、地球上にピラミッドが必要でした。

そこで、およそ五万年前、第二のピラミッド（クフ王ピラミッド）をエジプト・ギザに建設し、封印された富士山と龍脈でつないでおいたのです。具体的には、富士山の最下部にあるダイアモンドと、ギザのピラミッドの最下部にあるダイアモンドを、エネルギー的につないでおいたのです。ちなみに、この連鎖には、エベレスト山も加わっていて、地上の三頂点を形づくっています。

考古学によると、ギザのピラミッドの建設は、およそ四千五百年前から五千年前とされています。しかし、私の古代エネルギーリーディングによれば、その十倍も昔、五万年前に建設されています。

アダムとイブの目醒め

アダムとイブ、それぞれのエネルギーには、先ほど少し触れましたので、このエネルギー存在たちに絡むことについても、お話ししておきましょう。

アダムとイブといえば、多くの人々が、エデンの園やリンゴの樹、その後の楽園追放を連想するはずです。私の超古代リーディングでは、実際には、その樹は、リンゴではなく太古の麻であり、その実を食べることで、宇宙とリンクできる機能がありました。この超古代の麻というのは、現在でいうところの大麻の大もとです。

大麻は、ご存じの通り、現在の日本では厳しい規制下に置かれていますが、種子は、発芽しないよう熱処理を施した上で、健康食品として販売されたりしています。しかし、超古代の麻の実は、とても大きくて、リンゴをはるかに超える大きさがあり、大覚醒のエネルギーを有していました。

その超古代の麻を地球上に植えたのは、もちろん宇宙意識ＭＯＵとリラ星文明宇宙意識です。個々の人類が、より強く自我に目醒め、自身を制御する能力を身につけさせるために行ったことです。ちなみに、聖典に示されているエデンの場所は、チグリス・ユーフラテス河流域のいくつかの場所が挙げられていますが、私の超古代リーディングでは、現在のイギリス・グラストンベリーです。アーサー王伝説の中で、「アヴァロン」と呼ばれるところです。

いずれにしても、アダムとイブが、この超古代の麻の実を口にして、自我に目醒めたというのは、聖典にある通りです。

古代エジプト人の過ち

さて、地球への試練の一環として歴史の表舞台に登場したアダムの意識……アトランティス文明意識は、古代エジプトの人々を動かし、独自の繁栄を築いていきます。すぐに、王朝が生まれ、代々のファラオが統治の任にあたりました。

ところが、彼らは、当時、自分たちの身近にあるピラミッドの扱いに、少々困っていたようです。

地球エネルギーを収集し、宇宙エネルギーも受信する。それを地球規模で拡散し、人々の気づきと学びを促す。これは、「愛による世界統合」を果たす有力な手段になるはずでした。このとき、アダムのエネルギーを背景にした古代エジプトではなく、イブのエネルギーを受けた別の王朝であったら、迷わずそうなったでしょう。

ところが、アトランティス文明系のエネルギーを持つ当時のエジプトの支配層は、「このままピラミッドを起動したら、我々の統治がほころんでしまう」と考えたのです。

民に学びや気づきは必要ない。それらは、むしろ、我々の支配の障害にしかならない、と考えました。神聖かつ膨大なエネルギーは、我々支配層が独占し、その利益を享受するべきだ。こうした考えから、ピラミッドの機能を利用する制限を課しました。一般の人々がピラミッド内に入れないようにしたのです。これにより、「レムリア文明の復活」や「人類の気づきや学び」のための宇宙意識は、完全に抑え込まれ、ファラオをはじめとする支配層は、ピラミッドの持つ機能を自分たちのためだけに使えるようにしました。言い換えれば、アトランティス文明意識が、宇宙の意識を完全に無視して、自分たちだけで、ピラミッドの機能をすべて使える状態にした、ということです。

こうなると、もう、「やりたい放題」でした。古代エジプト文明の隆盛は、このことが大きく作用しています。

しかし、彼らのこうした行動を、ＭＯＵは受け入れませんでした。貴重なエネルギー装置であるピラミッドを用意し、そこに王朝を立てさせたにもかかわらず、私利私欲に走るばかりで、豊かさの分配や意識の変革などを顧みもしないエジプト文明。「しょせん、人類のレベルはこの程度か」と、諦めに似た思いもあったようです。しかし、そこは、宇宙の叡智です。さらに人類に試練を与えるべく、このピラミッドの機能を封印してしまいました。具体的には、ピラミッドの頂点にあった水晶エネルギーを、地下室に封印しました。ちなみに、この時に、ピラミッドへの宇宙エネルギーの流入を遮断したのは、私のパラレル過去生である、エジプトのアヌビス神でした。

ともあれ、この事件は、当時のエジプト王朝にとっては、大打撃でした。結果、急速に力を失っていき、歴史学上では紀元前三〇年頃、共和政ローマによって滅ぼされてしまいます。これによって、アトランティス文明意識は、ひとたびの終焉を迎えました。

ピラミッドでエネルギーを提供し、それをうまく使えればご褒美を与える、そうでなければ封印してしまう。これを、宇宙意識は、延々と繰り返してきました。そして、宇宙意識が用意し、アトランティス文明意識の暴挙のために封印されたギザのクフ王ピラミッドは、すべての機能を停止し、その後、数万年の眠りにつくことになります。

それからは、アトランティス文明やエジプト文明の後退とともに、レムリア文明のエネルギーが高まり、そのエネルギーを受けた人々……縄文時代の日本人やネイティブアメリカンたちが活躍しますが、いずれも、十分な力を得られないまま、時が過ぎます。そのうちに、再び、アトランティス文明が勃興し、地球は、戦争の時代へと突入していきます。

この状態は、私がギザのクフ王ピラミッドを開き、さらに、富士山を開くその瞬間まで、続くことになりました。

変革の時、何を信じ、何に頼るのか

世界は国境をなくす方向に動いている、そのしるしは、三年ほどのうちに表れる……。

本章でお話しした内容は、多くの人々にとって、衝撃的かもしれません。しかも、その動きは、「世界国家建築」というような、国家規模で行われる計画的なものではなく、高次元フリーエネルギーの利用に伴う、人々の意識変革の加速によって起こるものです。リーダーシップをとる機関や個人が、いるわけではありません。ですから、その先に待っているのは、発展と希望なのか、あるいは、混沌《こんとん》と絶望なのか、現状では、まったく予測できません。

このことを、不安に感じる人は多いでしょう。というより、大多数の人々が、不安におののき、未来はどうなってしまうのか……と、思い悩んでしまうかもしれません。

国家という枠組みがなくなるとなれば、貨幣経済にも大きな変革が起こります。仮想通貨というものが登場し、流通するようになって、「国家が発行する通貨というものが、消滅するだろう」という話が、あちこちから聞こえてきたものです。しかし、今もそうなっていないのは、高次元フリーエネルギーが十分に発動されていなかったからです。

でも、これからは違います。高次元フリーエネルギーは、すでに起動しています。国家とともに通貨が消えていくとなれば、経済活動にも大きな変革が訪れます。その混乱を恐れるのは、当然の感情でしょう。

しかし、貨幣経済が終焉を迎えたとしても、それによって起こる混乱は、一時的なものに過ぎません。

私は、いろいろなところでお話しするのですが、超古代から縄文時代あたりまでは、物々交換ならぬ「エネルギー交換」によって、取引が成立していました。人類の間には、エネルギーの価値に対する共通認識がありましたから、貨幣という客観的な介在物がなくても、十分に取引は可能だったのです。その後、貨幣が生まれ、取引の介在物として使われるようになったために、人類は、物質や能力に対する価値基準を見失っていったのです。

そうした価値判断の曇りは、国家が生まれ変わることで消し去ることができます。貨幣が介在しない取引形態に立ち返り、人と人との直接取引が基本になっていくのです。これは、決して悪いことではありません。取引形態として、シンプルでクリアですし、少なくとも、私は、人類にとって悪しき現象ではないと思っています。ただ、これまで、貨幣という介在物で利益を得てきた人にとっては、収入源を失うことになりますから、大打撃ではあるでしょう。その時、人は、何を信じ、何に頼り、どのように生きようとするか。それは、個々の判断に委ねられることと思います。

その時のために、今から準備を

国家の枠組みが崩れ去る、生まれ変わるということは、社会的生物である人類にとって、たいへんな災難と思えるかもしれません。しかし、察しの良い皆さんならば、それは、宇宙意識ＭＯＵの意志によるものであり、結果として、人類を良い方向へと導くために必要なプロセスなのだということは、すでに感じておられるでしょう。そこを理解できれば、恐れることはありません。

国家という集団に頼るな、ということです。区別、分離、孤立から離れよ、ということです。宇宙の意志がそのように語りかけているなら、素直に受け入れ、遅かれ早かれやってくるであろうその時のために、準備しておくほうが得策です。

では、どのような準備をするべきか？　これは、人によりけりですが、誰にでも共通するのは、「自分の意識を高く保つ」ということでしょう。

多くの人々にとって、集団の中で生きるのは、心地良く、楽なものです。お互いに助け合い、いたわり合うという相互扶助の仕組みができあがっているからです。集団の中でおとなしく、「普通に」暮らしていれば、集団からはじき出される心配もありません。

しかし、それは、集団の背景に国家が存在し、国家が国民を守るということが保証されているために成り立つことです。国家も貨幣経済もなくなってしまったら、人は、まず、個として生きる指標を持たなくてはなりません。そのために、今から意識を磨き、高めておく必要があるのです。それができなければ、今以上に生きづらい毎日におちいってしまうでしょう。

自分の役割を知り、意識を磨くこと

また、国家がない世界では、「普通の人」は、「価値を持たない人」になりかねないのです。「自分の価値を知らない人」と言ったほうが適切かもしれません。

貨幣経済以前の物々交換やエネルギー交換で成り立っていた社会では、誰もが、物や能力の価値を正確に知っていました。だからこそ、交換経済が成り立っていたのです。「人の価値」についても、それぞれを正しく認識していたはずです。ところが、貨幣経済によって、物と能力の価値を測れなくなって、国家を背景にした集団生活の中で暮らし続けた結果、自分や他人の価値というものを、見きわめることができなくなってしまいました。自分の個性や役割を探り、意識を磨き高めるよりも、「普通の人」であり続けようとしたために、その価値を測ることができなくなってしまったのです。

その点、富士山の意識は分かっていました。自分が世界最高の山であり、ピラミッドであることも、何をしなくてはならないかということも。

その富士山のエネルギーが開かれ、目醒めたことで、国家、集団の時代から個の時代への転換が行われました。

自分の役割すら知らず、自他の価値を測ることもできないようでは、新しい時代についていくことは難しくなるのです。意識を磨き、高めることです。

第四章

三十年後の世界を語る

私が富士山を開いたことによる影響は、おそらく、まだ表れていません。というより、変化が表れていていても、それに気づく人はごく少数でしょう。多くの人々は、昨日と同じように、あるいは、三ヶ月前、半年前、一年前、三年前と同じように、働き、食べ、眠っているはずです。

そして、私が富士山を開かなかったとしても、やはり、同じことです。人々の生活スタイル……食生活も仕事の仕方も、何も変わることなく、大多数の人々が、昨日のように今日を過ごしていたでしょう。一日三回の食事を摂り、健康状態に気をつけながら、運動もして、月曜から金曜まで働き、ＡＩやインターネットに頼る生活をしていたはずです。

しかし、私があのタイミングで富士山を開いたことで、世界の未来の可能性に変化が起こりました。つまり、地球の将来の選択肢が増え、今から三十年後の世界に、新たな可能性が加わったのです。

実際に三十年後の世界がどうなるか、それは決まっていません。地球人類の集合意識がどのような未来を望むのかによって、起こる現実は変わっていくからです。ただ、はっきりと言えるのは、私が超古代ピラミッドの富士山を開いたことで、ギザをはじめとする各地のピラミッド通しのネットワークが開通し、高次元フリーエネルギーの起動により、これまでは用意されていなかった未来の選択肢が加わったのです。

では、私ドクタードルフィンが読む、三十年後の世界、さらには、そこから広がる世界とは、どのような可能性があるのか。詳しくお話ししていきましょう。

高次元フリーエネルギーが食生活を変える

まずは、食生活において、食事の量が減ってきます。現代の標準ともいえる朝・昼・晩の一日三食が、一日一〜二食になっていくでしょう。

もちろん、現在でも、「朝食は食べない」という人は少なくありませんし、国や地域によっては一日二食というのが多数派、ということもあるかもしれません。それは習慣によるものですが、少なくとも、一日あたりの食事の量は減るでしょう。平均すると、現在の四分の三、七十五％程度まで減っていくでしょう。

栄養学の立場では、人が一日に摂るべき栄養の種類とカロリーというものが、ある程度決まっています。炭水化物がどれくらい、タンパク質はこの程度、脂質はこれくらいで、ビタミン、ミネラルが……という具合です。身体を維持し活動するために必要な各種エネルギーの必要一日量です。そこから逆算して、ご飯やパンをどれくらい、野菜や肉をどれくらい……という具合に、食事の量の目安が定められ、世界的な基準にもされています。

ところが、三十年後の世界では、それが崩れていきます。必要とするエネルギーの総量が減るというよりも、食べるものの比率が変わったり、食物を吸収摂取する効率が変化したりすることで、食事の量が減る、ということです。

大まかなところからいえば、まず、肉の比率は増えます。日々の食事の中で、今以上に、肉を多く食べるようになります。現代の日本人は、慢性的野菜不足といわれていますが、食べる量は今とさして変わらず、むしろ減っていくでしょう。一方、フルーツや木の実は、たくさん食べるようになります。大きな変化は、バッタなどの昆虫食が増加することです。

これらが、フリーエネルギーがさらに増える三十年後に予測される、食生活の概略です。さらに、詳しく見ていきましょう。

肉食、それも羊肉の比率が高まる

まず、肉食の比率が高まる、ということからお話ししましょう。現在のところ、動物性脂肪や動物性タンパクは、身体に必要なものではあるけれども、過剰な肉食は良くない、といわれています。

そもそも、肉類は、動物の命をいただくものです。ですから、「愛と感謝」で食べなくてはならない食材です。このことを、今までの人類は、ほとんどできていませんでした。そのため、食べたい、食欲を満たしたいというエゴだけで、肉を料理し、食べていたのです。そのために、食べられる側の動物たちの魂意識が傷つけられるばかりで、救われることがありませんでした。

ところが、高次元フリーエネルギーが世の中に満ちてくると、その中で暮らす人々の意識から、エゴというものが減っていきます。そうなると、一人ひとりが本来持っているはずの高い宇宙エネルギーにつながり、無償の愛のエネルギーが流れ込んできます。

すると、肉を食べても、食べられる側の動物の魂意識が傷つく度合いが軽くなります。痛み、苦しみ、悲しみは薄れ、彼らの魂意識の中に、自分の役割を全うすることの充足感や喜びというものが、湧き起こっていきます。そのため、私たちが肉を食べても、それによって受けるマイナスの要素が、今よりもはるかに少なくなっていくのです。その結果として、食生活の中で肉食の比率が高まる、というわけです。

さらに細かく見ていくと、食肉の中でも、牛と豚の消費量は減っていくでしょう。現状の世界の食肉の消費量を見ると、豚肉と鳥肉、この二つがほぼ同レベルの消費量、その半分弱が牛肉です。このうち、豚肉と牛肉の消費量が減っていくでしょう。これは、人の肉に対する好みが変わっていく、というのが大きな理由です。

豚肉も牛肉も、鳥に比べると身体への負担が大きいものです。特に、肝臓と腎臓です。

豚肉と牛肉に含まれる成分を解毒・分解し排出するために、肝臓と腎臓に負荷がかかります。そのことを、三十年後の人々は、理屈ではなく感覚で知り、豚肉や牛肉を好まなくなるのです。

逆に、消費量が増えていくのは、羊肉です。羊と羊肉に関しては、二〇二三年二月に発売された自著『羊』（ヒカルランド）を参照ください。前章でお話ししたように、羊には、人々を、「無償の愛」に目醒めさせる役割がありますから、豚肉や牛肉以上に、羊肉が好まれるようになるでしょう。レムリア文明人は羊肉を多く食べていましたし、そのエネルギーを受け継いでいた縄文人も、かなり、羊肉を食べていました。

動物肉と同様の動物性タンパクである魚はどうでしょうか。こちらも、食事の中での比率は高まりますが、海洋汚染は今以上に進行していると思われますから、食膳に上る魚のほとんどは、養殖物になっていくでしょう。有機汚染、金属汚染は遺伝子を傷つける力が強く、安全に食べられる自然の魚介類というのは、減っていくのです。

野菜は今以上に少なく、木の実や果物が増加

フルーツや木の実の摂取比率は上がっていきますが、面白いことに、野菜の摂取比率は下がっていくでしょう。今でこそ、日本人は野菜不足なので、政府をはじめ、あちらこちらから、「野菜をもっと食べよう！」という声が聞こえています。また、人々の間にも、野菜を多く摂ることに、健康的なイメージがすり込まれているように感じます。しかし、三十年後の人類は、それほど多くの野菜を必要としなくなるでしょう。

もともと、人間の祖先である原始猿は雑食性で、果実や穀物など、さまざまなものを口にしました。根菜は食べましたが、いわゆる葉物というのは、あまり必要がありませんでした。

高次元フリーエネルギーにつながるようになると、身体が水晶化（珪素化）する方向に向かいます。もちろん、すぐにそうなるわけではありませんが、長い時間をかけ、身体が、エネルギー的に、炭素有機体から珪素無機体へと変わるのです。しかし、現在の人間

の身体から珪素無機体へ移行していく過程では、身体をしっかりと作っておかないと、消滅しかねません。

そのために、タンパク質と炭水化物を多く摂り、人間の身体を強化しておく必要がある、というわけです。ですから、動物性タンパクと、植物性タンパク……豆類ですね、これらをしっかり摂る食生活になっていきます。

炭水化物については、肉と同じで、現在では、「摂りすぎは良くない」といわれています。これは、現在の人間の身体では、その体内に入ってきた糖分の消化率や解毒率があまり高くなく、エネルギーを摂れる反面、摂りすぎによる害が大きい、という面があるためです。

しかし、高次元フリーエネルギーを十分に取り込むことができれば、糖を消化・解毒する能力は大幅に高まりますから、今以上に多くの糖を摂取しても、害にはなりません。人間の生理的エネルギーの源はＡＴＰという物質なのですが、糖は、最短距離でこのＡＴＰに転換されます。つまり、エネルギーの生産効率が高まるということにもなります。

昆虫食が普及していく

さて、食生活の変化の中で、最も大きい変化は、昆虫食の増加です。昆虫食というのは、多くの日本人にとって、眉をしかめるたぐいのものでしょう。しかし、昆虫食は、世界中で見られる文化ですし、特別、おかしなものではありません。日本でも、ハチノコやイナゴ、カイコのさなぎなどが、今でも一部の地方で好まれています。栄養という点で見ても、実は、昆虫はとても貴重なのです。タンパク質の構成が肉類に近く、栄養価が高いうえ、人間が必要とするビタミンも豊富です。

そして、昆虫は、あらゆる生きものの中でも、超古代から存在していたものです。身体は小さいながら、さまざまな環境に適応してきたため、非常に種類が多いという特徴もあります。聞くところによると、現在の地球には、百七十万種の生物がいるそうですが、そのうち、昆虫の種《しゅ》は、百万種にも及ぶそうです。実に、生物の七割が昆虫、というほどに多いのです。これは、昆虫の適応力の高さ、生命力の強さ、ひいては、高次元の力を多く秘めているということの表れでもあります。その力を体内に取り込むことは、ある意味で、理想的な食事のあり方といえるでしょう。

エネルギー的存在であり、人類の祖先でもある半透明の火星人は、昆虫食を好みますし、その遺伝子は、私たち人類の中にも存在します。ですから、昆虫食の導入は、難しいことではないのです。

とはいえ、昆虫食に慣れない人にとっては、少々ハードルが高いのも事実です。イナゴやバッタは姿形がそのままですから、口に入れるのは勇気がいるかもしれません。しかし、佃煮などにしてしまえば、小魚の甘露煮とさして違いはありません。ただし、現在、政府やメディアが推進しているコオロギは、メインの昆虫食にはならないでしょう。

産地や育った環境が明確で、良質な昆虫が食物として選ばれます。最初は、少々抵抗があるかもしれませんが、慣れてしまえば、火星人のように、昆虫を美味しく味わえるのではないでしょうか。

家族のあり方はどう変わるのか

食習慣が変わってくると、やがて、その影響が、さまざまな方面に波及していきます。まず、食事の頻度やタイミングが変化します。先ほど、「一日三食が、二食になる」とお話ししましたが、「食べる日、食べない日」というものも、一般化していきます。一日二食をベースにしつつ、たとえば、四日に一日は何も食べない……という人が増えてくるでしょう。そうなると、家族が揃《そろ》って食卓を囲むという機会が少なくなり、そもそも、「自宅で家族で食べる」という習慣が崩れていきます。その頃には、肉食や昆虫食にしても、安価で手軽に食べられる食材が増えているでしょうから、買って食べる、それぞれで食べる、というスタイルが一般化するはずです。

これを、「家族の衰退」ととらえると、悲しい話だと感じてしまいますが、個人の自立性が尊重される時代とみれば、希望が持てる未来となります。もちろん、親と子、兄弟姉妹といった関係性は不変ですが、家という枠組みに縛られる感覚が、希薄になっていくのです。

従来の「家」や「家族」のあり方は、一人一人が家族であることを確認するため、家という枠組みを必要としていました。しかし、高次元フリーエネルギーによる変化に伴い、人々の意識が高まれば、三次元的な形にこだわる必要はなくなります。高次元の意識で、夫婦、あるいは、親子、兄弟姉妹としてのつながりが確認できれば、目に見える形で定義づける必要がなくなるのです。

ですから、婚姻届や離婚届という無意味なものは、なくなっていくでしょう。家族は、高次元の魂でつながっていれば、離れて暮らしていても、何も問題はありません。とはいえ、区切りを付ける意味で、セレモニーとしての結婚式は残るかもしれません。

それとともに、一夫一婦制も形を変えていくでしょう。複数の相手との魂のつながりを許容し、同性の婚姻も、ごく普通に行われるでしょう。

セックスレスチャイルドの登場

肉食……といっても、その中心は鶏肉と羊肉になりますが、そこに昆虫食が加わってくると、平均寿命はさらに延びていきます。今のところ、日本人男女の平均寿命は八十五歳ほどですが、三十年後には百歳に達するでしょう。反面、出生率は、現状からさらに下がり続け、総人口は十％ほどのマイナスになるでしょう。

また、男女のセックスがなくても妊娠・出産が行われる、セックスレスチャイルドが現れてきます。これは、エネルギー的な遺伝子交配で、まさに、聖母マリアによるジーザス誕生と同じケースが、現実に起こってくるでしょう。もちろん、授けられた赤ちゃんの魂には、両親のエネルギーが刻印されていますから、現実のセックスがなくても、誰の子なのかはわかります。

しかし、これは、三十年後では、まだ早いかもしれません。五十年後、百年後になるかもしれませんが、そうした方向に進んでいきます。要するに、現在、三次元世界で行っていることの多くが、高次元のエネルギー的な行動に移行していく、ということです。

生まれた子どもは、現在よりも、概して早熟になるでしょう。おそらく、十五歳くらいで、自分で考え、行動し、生きていけるだけの能力を身につけます。もちろん、個人差はありますが、親は、十五歳になるまで子どもを育て、そこから先は、さらなる成長を見守る、というスタイルになります。

学校制度が根本からくつがえる

昔の侍のように、十五歳で一人前ですから、教育の枠組みも大きく変わります。

まず、現在の学校という形式は、大きく変わるでしょう。教員という職業は、変化します。代わりに、「教えられる者が教える」という形、知識の分配と共有というか、そうしたスタイルが増えていくでしょう。子どもでも老人でも、自分が持っている知識や能力……それも価値のあるものに限られますが、それを学びたい人に伝える、という形です。ビジネスマンが小学生から学ぶ、ということも、現実に行われるでしょう。

基礎的知識や学力を身につける以外は、統一されたカリキュラムはなくなり、学びたいことを自由に選べる教育環境が作られていきます。今でいう専門学校のような、専門性の高い個性的な授業を提供するサービスが普及し、子どもたちが自発的にカリキュラムを組んで、それを親が支援する、という形に移行します。統一されたカリキュラムがなくなれば、教育上の物差しも不要になり、偏差値というものが使われなくなります。むしろ、一人の子どもが、どのような個性を持ち、それを伸ばすために、どのような教育を受け、どの程度の成長を果たすのか、というところが重視されるでしょう。こうなると、「受験のための勉強」とか、「合格するためのテクニック」などというものは、意味をなさなくなるでしょう。

高次元フリーエネルギーに満ちた世界であれば、それを通じてさまざまな知見を得られますから、子どもたちは、幼いうちから、ある程度、世間に対応できるようになります。十五歳くらいで一人前になる、というのも、高次元フリーエネルギーによる教育がなされるから、と見て良いでしょう。ですから、親があれこれと世話を焼くことも少なくなります。現在の幼稚園児の年頃までに、基礎的な教育を済ませておく、というのが、三十年後の一般的教育スタイルになるのです。

働くスタイルも変わる

「日本人は働き過ぎだ」と、もう何十年も前からいわれていますが、それでも、働くのが日本人であるようです。もう少し肩の力を抜いても良かろうと思うのですが、身に染みついた性分というのは、簡単には抜けてくれないもののようです。

なぜそんなに働くのですか？　そうした質問への回答は、「生活のため」というのが、最もポピュラーなものでしょう。生きていくためには、衣食住の充実が必要ですし、そのためには、仕事をして、お金を稼がなくてはなりません。当たり前のことです。

しかし、ここで考えるべきなのは、自分と家族を守るために働いている、その「生活」のスタイルです。

贅沢《ぜいたく》はいわないけれど、ウサギ小屋のように窮屈な住まいではなく、のびのび暮らせる、安心で快適な住環境がほしい。家族に、毎日、お腹いっぱい食べさせてあげたい。できれば、美味しくて栄養のあるものを食べさせたい。春夏秋冬、着る物に不自由なく、できれば、おしゃれを楽しみたい。たまには、外に出かけて遊びたい。車はできれば、大きくてカッコいいのがいい。人に自慢できるような、高級車を乗り回したい。休暇が取れたら、旅行に行きたい。海外の豪勢なリゾートで贅沢したい。洋服、靴、時計、アクセサリーから小物に至るまで、高価な一流品を身に着けて、周りから注目され、スゴイといわれたい。誰もが羨むような生活をしたい……、などです。

社会的生物である人間が、社会の中で生きていくためには、衣食住は欠かせない要素です。それを満たすためには、お金が必要ですし、そのために働くのも、当然のことです。しかし、そこには、多分にエゴが含まれており、必要以上のものを求める欲求に、多くの人々が抗しきれずにいるように見えるのです。

しかし、三十年後の世界では、エゴが薄れていくため、いらぬ見栄や虚飾にエネルギーを注ぎ込むことがなくなっていきます。結果として、現在の半分ほどの労働量……たとえば、一週間に二・五日働けば、それで収入は十分、ということになります。そのように、「生活のために働く」というスタイルはすたれ、自分の人生をより豊かにするために働く、というスタイルにシフトしていきます。

変わっていく会社のあり方

働き方の概念が変わっていくことで、働くフィールドである会社の姿も変わっていきます。これは、「家族」と同じで、形としての会社というものが、かなり減っていきます。なくなるわけではありません。でも、営利組織というものが、だんだん成り立たなくなっていきます。これは、形が変わる……現在のテレワークやフレックスワークの延長で、さまざまな働き方が成立するようになる、ということもありますが、質的な変化という面が大きいです。

貨幣経済が衰えていき、「無償の愛」によって価値が測られる世界へ移行していき、「利益を得る」という発想そのものが、時代遅れのもの、と見なされるようになります。その代わり、人類や社会を愛で満たす、地球のためになるような仕事は、仕事として残るでしょう。

また、「誰かの指示で動く」ということが少なくなります。いわゆる下請けは減っていきます。依頼されたものを作るという受動的な行動が減っていきますから、すべてを自分のところで賄《まかな》うような形になっていくでしょう。自社内でサプライチェーンが完結する、という感じです。

自動車メーカーなどはたいへんですが、そもそも車を作るにしても、車を構成する部品の数がかなり減って、シンプルな構成になっていくでしょう。その先には、高次元フリーエネルギーの利用により、さまざまな物を生み出せる世界が待っています。

組織というものが減っていく

会社というものの変化についてお話ししましたが、会社に限らず、あらゆる組織というものについて、そのトップが、高次元の意識を持てているかどうかが、存続のカギになるでしょう。トップが高い意識を持ち、エゴを捨て、「無償の愛」を旨として統括するなら、その組織は存続できるでしょう。しかし、口だけでいくら理想論を並べても、結局、目指すところが自分たちだけの利益では、宇宙は、その存続を許してはくれないでしょう。

そういう意味では、現在の組織のトップの方々には、今のうちに、ぜひ、私の話を受け入れてほしいと思っています。そうでないと、三十年後には、組織が消滅してしまうかもしれません。

日本では、昭和の時代に、企業は、どんどん力を付け、競争を勝ち抜いたものが肥大化し、その周辺やすそ野に、関連企業や下請け企業がつながり、さらにその先へ……という細分化が進みました。今後は、そうした形態から反転して、どんどんシンプルな方向に向かっていきます。細分化された世界から、すべてを融合する世界への反転が起こります。たとえば、医療の分野でも、現在は外科、内科、産婦人科、小児科……という具合に細分化されているものが、包括的に人を診て、人を癒す、そうした形に移行していくでしょう。

犯罪も紛争も起こらない世界

エゴが薄れていくことで、犯罪も減っていくでしょう。犯罪は、その多くが、満たされないエゴを満たそうとして起こるもの。ですから、エゴが薄れてしまえば、後に残るのは、高次元フリーエネルギーによってもたらされる、「無償の愛」という意識です。そうなれば、犯罪率は低下しますし、世界がそうした状態になれば、国家間紛争の危機も少なくなるでしょう。そして、犯罪に対する刑罰のあり方も変わっていきます。この点については、読み切れないところが多いのですが、少なくとも、死刑はなくなるでしょう。国家の枠組みが完全になくなってしまうまでは、やはり、国家は国民の利益を守らなくてはなりません。ですから、国家間紛争がゼロになるとは断言できませんが、現在よりも、その危険度が低くなることは、間違いないでしょう。

高次元フリーエネルギーが地球に満ち、世界中が「無償の愛」に目醒めるならば、ロシアとウクライナの間で起こっているような戦闘行為も、中国や北朝鮮による軍事的挑発行為も、すべて、「無意味なこと」として終息するはずです。

国家間でのいがみ合いがなくなっていけば、それに対する備えというものも不要になり、各種の軍事同盟……日米安保やＮＡＴＯの枠組みも、解消される方向に進むでしょう。

しかし、愛の意識に目醒めることなく、白か黒かというデジタル論に基づいた結果を求める風潮が続くなら、紛争と戦いに明け暮れる、破滅的な未来が待っています。どちらが良いかは、誰の目にも明らかですが、どちらの未来が選ばれるかは、集合意識のあり方ひとつにかかっています。

病気や死は祝うべきもの

人の寿命は延びますが、病気や死というものは、なくなることはありません。ただ、病気や死に対する人々のとらえ方、価値観が変わりますし、また、対処の仕方が変わっていきます。交通事故のケガや火傷のような外科的な身体の損傷の場合は、また違うだろうと思いますが、病気については、かなりの部分で、現在の「治療」というものは、不要になっていくでしょう。

いまの現代医学は、外科的あるいは内科的に、異物を排除したり、薬物を投与したりして、身体を健康な本来の状態に戻そうとするアプローチです。しかし、三十年後は、こうした外科的・内科的療法ではなく、エネルギー療法が主流となります。つまり、エネルギーの補充や調整を行うことで、身体機能の異常を修復し、健康な状態に戻す、というアプローチです。

現在の医療では、ガンに対して、「三大療法」で対処しています。手術、放射線、化学療法（抗ガン剤）の三点セットです。しかし、三十年後には、これらはあまり使われなくなり、エネルギー療法が主流になります。

現在でも、「病から学ぶ」という言い方がありますが、病気になるということは、自分のエネルギー異常に気づく重要な機会であり、自分のエネルギーを、より強く、適正な状態に調整していくための大きなチャンス、というとらえ方をするようになります。ですから、「病人を見舞う」という発想が、「病人を祝う」という考え方にシフトしていきます。「病気になったのか、それは良かった。エネルギーを調整して、今まで以上に、元気に健康になろう」と、こういうことです。

私は、富士山を開いてから数ヶ月の間に、体重が十kgほど痩《や》せました。特に、運動もダイエットもしていませんが、私の意識の中で起こった変革が身体に作用し、軽量化する方向に働いたためです。意識の調整によって、高次元フリーエネルギーを用いて、身体をコントロールすることは、十分に可能ですし、それによって、病気の症状を消し去ることも、若返ることもできるのです。

病気のとらえ方、対処の仕方が変わりますから、現在の医療システムも大きく変わっていくでしょう。意識で身体をコントロールできるようになれば、病人の数が大きく減りま す。ガンをはじめとするさまざまな疾患、原因不明で治療不能の難病も、数を減らしてい くでしょう。

そもそも、病気になるというのは、意識の気づきを促されているという側面がありま す。身体のさまざまな問題に抵抗するのではなく、受け入れることができれば、人類の敵 そのものである「病」というものも、減っていくのは当然かもしれません。

死も、病気と同様です。三次元世界では、死ぬことは、永遠の別れであり終わりとされ ています。しかし、高次元の意識に目醒めていけば、死はさらなる意識次元へと高まるた めの、ひとつの区切りであると認識できます。死は、三次元に縛られる身体から離れて、 魂が自由を得ること、となります。三次元的には、悲しい別れではありますが、魂で見れ ば、死は、喜ばしく祝うべきことなのです。私が、人の死を、「お喜び様」、と表現するの は、そうした意味があるのです。

ですから、現在のお葬式というものは、「悲しみ」から「祝い」というものに、形を変 えていくでしょう。たとえば、長い船旅に出る友人を港まで見送りに行くような、そんなセレモニーに変わっていくでしょう。

お墓というものも、やがては、なくなっていくはずです。そうした形を残すのではなく、旅立った人の魂を見送り、その人の魂と交流する。そのような形になっていくでしょう。

エネルギーの高いリーダーによる社会

国家の枠組みが消えていくにつれ、人々は、個人管理で暮らしていくようになります。代議士、議員というシステムがなくなっていくでしょう。では、集団の意思決定は、どのように行われるのでしょうか。

これは、現在よりもはるかにシンプルで、エネルギー的な方法へと移行していきます。母集団の中から、優れた意識エネルギーを持つ人間が支持され、より多くの支持を集めた人間が、自然発生的にリーダーになります。わざわざ、投票などする必要もありません。人々の意識によって持ち上げられた人間が、自然と前に出て、集団を導き、コントロールしていきます。

これは、全世界的に起こり、「無償の愛」のエネルギーの高まりの中、紛争のほとんどない、穏やかな世界統治、世界運営が成り立っていきます。そうした新世界の中で、日本と日本人は、非常に重要な中心的な役割を果たすことになるでしょう。

ただ、こうした新たな枠組みに加われない人も存在するはずです。つまり、エゴを捨てられず、覚醒を拒む人たちです。こうした人々は、新世界で存在することができず、彼らが存在できる別のパラレル宇宙へと飛ばされることになります。

これは、現代版ノアの箱舟「弥勒の箱舟」による振るい分けということです。私が常々、「私の話を受け入れてください、学んでください」と言っているのは、この大変革の時に、新たな時代に移行できるかどうかの分かれ目になるからです。新たな世界に行けなければ、次元の低いパラレル宇宙に飛ばされ、もっと悪い状態の地球に生きることになりかねません。

もちろん、弥勒の箱舟において、すべての地球人が新たな地球に生きられるわけではない、というのも事実です。その時に、「弥勒の箱舟」に乗れるのは、現在の地球人の十五%から三十%前後でしょう。しかし、高次元フリーエネルギーの恩恵を受けて意識を磨けば、三十年後には地球人の半分、五十%の人々が、箱舟に乗ることができるはずです。

ですから、それまでに、しっかり学び、意識を磨き、魂を高めてほしい、と、切に願っています。

高次元フリーエネルギーは、すでに起動しています。ブラック・ホワイトホールは、どこにでも存在しています。高次元リーディングによって読むことすべてを、私は、さまざまな形で、メッセージとして発信しています。それを、キャッチし、受け入れてください。そうすることで、地球上のすべての人が、インターネットの情報やＡＩによる誘導ではなく、自分の未来を、自分の意志で選ぶことができるのです。

国の通貨がなくなると、どうなるか

通貨による貨幣経済が崩壊する、ということには、前章で少し触れましたが、そのことについて、もう少し、お話ししておきましょう。

まず、国家がなくなれば、国家が発行する通貨というものもなくなります。そもそも、お金の概念が変わりますから、貯金というもののもなくなります。貨幣経済の消滅への過渡期には、今でいう仮想通貨が代用されるかもしれませんが、それも、わずかな間だけでしょう。

将来的には、電子マネーもなくなり、インターネットも使われなくなるかもしれません。高次元フリーエネルギーのもと、自由に交信でき、情報を得ることができるからです。

経済格差は、現在でも、世界的な問題になっていますが、この「貧富の差」は、よりいっそう拡大するでしょう。ただし、これは、持っているお金の多少ではなく、一人ひとりの人が持っている「個の能力」が基準になります。つまり、経済力だけで人を測ることがなくなる、ということです。ある人は意識レベルが強い、ある人は癒しの力が強い、ある人は特殊な技能や才能を持っている、などの、その人の価値です。

お金という共通の物差しではなく、それぞれの能力の価値を評価する形にシフトします。それは、「自分より相手のほうが、お金をたくさん持っている」という比較から生まれる、妬《ねた》みや嫉妬《しっと》というものがなくなることを意味します。妬みや嫉妬がなくなれば、それぞれがそれぞれを認め、評価することができ、争いがなくなります。

もちろん、エネルギーの強弱、それによって得られる能力の高低という差はあるのですが、最も大事なのは個性です。

あらゆる取引は、エネルギーの交換という形がベースになっていきますから、自分のエネルギーを高めることが、生きていく上で大切です。

年金のような社会保障制度もなくなっていくでしょう。「弱者を保護する」という概念は、宇宙の法則には存在しません。ですから、生きるためには、意識エネルギーを高め、能力を誰かに提供する……という交流が成立しなくてはならなくなります。

スポーツや芸術がより重要に

スポーツは、いまより活発になります。ただし、勝敗という要素が減り、喜びと感動をどれだけ生み出せるか、という点を競うようになります。

絵画、音楽、映像などの芸術は、今まで以上に重要度を増していきます。これらは、視覚・聴覚を通じて脳を直接刺激し、魂の意識エネルギーを上げるので、その価値を高めていくでしょう。

理想的な手段である瞬間移動

車の台数は増えますが、ガソリン車はもちろん減ります。しかし、電気自動車が増えるかというと、そうではないでしょう。すでに、高次元フリーエネルギーが起動していますから、それを使って動く車が、未来の移動手段になるでしょう。これなら、燃料も電気もいりません。

また、将来的には、移動手段として、瞬間移動が使えるようになるでしょう。とはいえ、誰でも、使えるわけではありません。しかし、ごく一部の人たちは、ワープ移動ができるようになるでしょう。「できるようになる」というより、そういう現象が登場する、というレベルで、一般に普及するのは、もっと後になってからでしょう。ともあれ、現在のカーナビのように、意識上で、移動先を設定すれば、一瞬でそこに移動できる、という現象が実際に登場することになります。

瞬間移動というと、そのための装置が必要であるように思う人がいますが、そうではありません。それを可能にする、凝縮した高次元フリーエネルギーを自在に操れる人が現れるでしょう。ファンタジーものの映画やアニメでありがちな、別の次元に意識エネルギーを集中させて、そのまま瞬時に別の場所に移動できる、というものです。

高次元フリーエネルギーの本質とは

高次元フリーエネルギーに関しては、それを引き出す装置が必要というわけではありません。どうも、世の中では、「フリーエネルギー」という言葉が、一人歩きしているように見受けられます。そして、フリーエネルギーとは何かを正しく理解しないまま、いろいろな装置や器械が作られ、それが、動画サイトなどに投稿され、さらには、製品化されて販売されていたりもします。

「フリーエネルギー」という語感からか、「コストゼロで自由に利用できるエネルギーのこと」と勘違いしている人もいるらしいのですが、これでは、太陽光パネルや風力発電機も、「フリーエネルギー転換装置」になってしまいます。中には、「フリーエネルギーとは、永久機関のことである」と理解している人々も少なくないようです。

世の中には、「フリーエネルギー発生装置」なるものもありますが、それは、いわば、三次元でのエネルギー発生装置であって、高次元フリーエネルギーとはレベルが異なるのです。

ほかにも、フリーエネルギーという名称を使ったベッドとかコイルとかも販売されていますが、それは、ブラック・ホワイトホールを用いた高次元フリーエネルギーではありません。

高次元フリーエネルギーについては、こうした誤解を解くためにも、きちんと整理しておいたほうが良いと思っています。ただ、ざっくりとしたところを言うならば、高次元フリーエネルギーは、何らかの装置や器械で、「発生」させたり「引き出し」たりするものではなく、現在知られている多種多様なエネルギーとはまったく異なるものです。

富士山を開くことで、ブラック・ホワイトホールを通して起動した高次元フリーエネルギーは、そんな三次元のものではありません。エネルギーが高すぎて、どこかの勢力が潰すことも隠すこともできません。ですから、確実に世の中に出てくるでしょう。それは、多くの人々が想像しているものよりも、はるかに強力なものです。

奇跡はやがて一般化する

ありうるべき三十年後の世界では、現在では奇跡と思われているできごとが、現実になってきます。

「人類が水晶化（珪素化）していく」ということは、すでにお話ししましたが、これは、概念上だけのことではなく、見た目にも、身体は半透明化していきます。写真上で、私自身の身体の一部や全部が消えていたり、発光していたりということがよくあります。将来的には、身体の一部が消えていたり、発光体のように写ったりする人たちが、増えていくでしょう。こうしたことが、しばしば起こるようになるでしょう。どれほどのエネルギーに目醒めているかによりますが、そうしたことが、確実に起こるようになるでしょう。

意識エネルギーを通じての意思疎通や、先ほどお話しした瞬間移動なども、まさに、宇宙レベルの奇跡現象です。ただし、これらの能力は、多くの人々が一斉に身につけるわけではなく、使える人々が少しずつ増えていくことになるでしょう。

三十年後の世界では、このような奇跡が幅広い分野で起こるはずです。しかし、一瞬で世界が変わるわけではなく、必ず過渡期があります。数年か数十年か、あるいはもっと長くかかるのか、それは分かりませんが、ある程度の時間をかけて、ゆっくりと変わっていくのです。

これを商機ととらえ、ビジネスを展開する人々も、数多く登場するでしょう。それは、たとえていえば、「ユーチューバー」というものが職業として成立し、成功すれば大きな利益を得られる、ここ十年ほどの世の中の動きに似ています。

国の枠組みがなくなるにしろ、貨幣経済が終息するにしろ、その変化は、一瞬で起こるのではなく、ある程度の期間をもって移行していきます。その間に大きな変化をとらえてビジネス化しよう……という考えを持つ方は、高次元フリーエネルギーの正しい知識を身につけ、それが起動した現在から未来へのロードマップを描きながら、チャンスを狙うと良いでしょう。

時間旅行までも実現

ブラック・ホワイトホールを使ってパラレル宇宙へ飛ぶということは、すでにお話ししましたが、いまの段階では、これは、あくまで同じ時間におけるパラレル変換に限られます。少なくとも、現在の地球の環境、私たち地球人の能力では、それが限界です。しかし、さらなる未来、おそらく六十年後あたりには、その時間の壁を突き破ることができるようになるかもしれません。その頃には、過去や未来への時間旅行が実現する可能性があります。

どれほど遠い過去や未来に行けるのか、それは、意識エネルギーの高さによります。ただ、過去に戻るにしても未来に飛ぶにしても、その移動幅が大きければ大きいほど、より多くの意識エネルギーを必要とします。

二十一世紀の終わりが見えてくる頃には、こうした時間移動も可能になってくると思われます。

二十二世紀の未来からの来訪者が、私たちの身近にいるとするなら、未来の情報や知識を活かして、現在の私が行っているさまざまな啓蒙活動を、サポートしてくれるでしょう。

予言とは未来の可能性のひとつ

「予言」についても少し、お話ししておきます。

「予言」といえば、四十歳代以上の方ならば、第一に、ノストラダムスの予言を挙げることでしょう。この終末予言は、その当時、社会現象として存在しました。また、現在においても、自称・他称を問わず、「予言者」と呼ばれる人たちが存在して、未来の事象を読み取り、警告を発しています。

私も、私自身の活動の一環として、世界各国に残された過去の予言を解読・検証し、その内容を噛《か》み砕いて紹介する、ということを行ってきました。また、私自身が高次元リーディングによって読み取った未来の姿を、こうした書籍や講演会を通じて、広く世間に広める活動を行っています。

ただ、はっきり申し上げておきたいのは、私が口にする「未来のできごと」は、決して確定したものではなく、未来に起こりうる可能性のひとつにすぎない、ということです。そして、未来にいくつも用意された可能性の中からどれを選ぶのかは、個人の意識にかかっている、ということです。

分かりやすい例を挙げましょう。私があなたの未来をリーディングして、「明日、あなたは、どこかでケガをする」という予言をしたとしましょう。これは、あなたの未来の可能性のひとつです。

しかし、このリーディングの結果をあなたに伝え、または、あなた自身が、その結果を知らなくても、「ずっと家で寝ている」と意識を設定すると、どうでしょうか。あなたは、「外出する」という宇宙から、「家から出ない」というパラレル宇宙へと移行するので、結果として、私の予言は外れる、ということになります。

さらには、ノストラダムスの予言のようなものに対しても、それを信じる集合意識を受け入れるか、そうでないかにより、体験する現実が変わります。

あなたは、どんな未来を選ぶのか

未来は確定しておらず、無限数のパラレル宇宙の選択肢が用意されており、どれを選ぶかは、個人の意識によります。これで、私が、未来を決めているわけではないことを、ご理解いただけるでしょう。私は、リーディングによって読み取った未来の、最も起こりうる、ひとつのパラレル宇宙の姿を、皆さんにお伝えしているのです。

では、未来は変えられるのか……といえば、変えられるというよりも、「別の可能性を選択できる」と言うべきでしょう。先にお話ししたように、個人レベルであれば、「どこかで、ケガをする」のであれば、寝ていれば、ケガをせずに済みます。

しかし、自分一人ならまだしも、そこに他者が絡んでくると、話は異なります。仲違《なかたが》いをしてしまった知人や友人との仲を修復したい、誤解を解きたい。こうしたことは、日常的によくあることですが、相手のあることですから、いくら自分が、「こうしたい」と思っても、相手の意識エネルギーが関与します。自分の意識エネルギーで、相手の意識を共鳴させる必要があります。

さらには、世の中全体を変えていくことは、もっと複雑です。世間全体の集合意識がどのような未来を望むのかによって、個人が選択する未来が影響を受けるのです。ですから、より良い未来を、選択肢から選び取るには、集合意識を好ましい方向に向けるか、もしくは、その集合意識を超越する必要があります。

なぜ人は「もがいて」生きるのか

現代を生きる多くの人々は、もがくことが大好きです。

今よりもっと上を目指す、一歩でも先に進む、努力する、頑張る。たくさん勉強し、たくさん働いて、たくさん稼ぐ。病気や貧困など、不幸な状況を脱する、そうならないように対処する。……いずれも正しい行いに見えますが、これらが、私のいう「もがく」ということです。肝心なのは、その行動を、「何のためにするのか」という点です。

向上心や勤勉であることは人間の美徳ですし、社会生活を営む上では、十分なお金が必要で、そのためには、働かなくてはなりません。貧困や病気は、苦しみしか与えませんから、できるだけ避けたいものですし、いま、そうした状況にあるなら、脱出するための方策をとるでしょう。現実的に考えても、何もおかしなところはありません。

しかし、これらの行動の多くは、得てして、個人のエゴを満足させるためのものであったりします。

学校の成績や仕事上の実績、財産の有無などは、その人を測る一面にすぎません。仕事ができる人間が、皆、優れた人間とは限りませんし、金持ちが、皆、幸せとは限りません。それどころか、貧困や病苦を、宇宙意識によって与えられたものとして、受け入れることで、新たな魂の成長が得られるでしょう。

そうしたことを何も知らず、多くの人は、自分のエゴを満足させ、安心させるためだけに、ただ毎日、もがき続けているのです。

宇宙意識は弱者を救済しない

もがく世界が良いか、それとも、もがくことのない世界が良いか。これはもう、答えは明らかなのですが、なぜか、「もがく世界」に留まろうとする人は少なからずいます。「もがいていないと安心できない」という、逆説的な心理が働いているのかもしれません。あるいは、これまでの教育によるものかもしれません。学校でも家庭でも、自分を痛めつけるように日々努力し、自分に厳しくあたることを良しとする、素晴らしいと評価する。それを怠る者は成功しない、幸せになれない、とまですり込まれる。そんな空気を吸いながら育っていけば、「もがいていないと不安」という感情にこり固まってしまうのは、当然かもしれません。

楽をして幸せになってはいけない、困難を乗り越えることが人生だ。そうした意識があるのかもしれませんが、それは、古い世界に固執している姿です。

私が気になるのは、そうした人が、「どんなにもがいても、うまくいかない」と諦めて、自分を否定することです。

「もがけばもがくほど、結果につながる」と信じていたのに、そうはならなかった。自分は悪くないのに、幸福になれない。なぜだ、世の中のせいだ、国が悪いんだ、自分のせいではない、というように。

こうした、自分以外の他者を攻撃する意識が、急速にふくらんでいくことになります。

しかし、宇宙意識からすれば、それは、その人に必要な体験なのです。これまでに重ねてきた多くの選択の結果であり、選択したその人の結果なのです。この事実を受け入れることは重要です。

平穏と平和を装っている人の中には、「どうしてこんなことに」と、度重なる不幸に見舞われる人がいます。頑張っても頑張っても、不幸な境遇から抜け出せずにいる人がいます。しかし、そのような人も、自分の意識が、その現実を選択しているのです。

宇宙の仕組みとして、弱者を救済することはありません。ただ、見守るだけです。だからこそ、より良き未来へ向かうために、どのような意識を持つべきなのかを、考えてほしいと思います。

メディアのやり方が通用しなくなる

私は、エネルギー次元が飛び抜けているために、いろいろなところで、「妖しい」と言われています。しかし、私から言わせれば、現在のマスコミ、メディアというものも、相当に妖しいものです。

高次元フリーエネルギーが閉じていた、いままでであれば、マスコミは安泰でした。テレビやインターネット画面に映るものや、記事として掲載されるものに関して、その裏側を悟られることがなかったからです。大衆は、見たまま、報道されたままを、真実だと、何の疑いも持たずに信頼してきました。政治家や専門家が、記者会見や取材の場で真剣な顔で語る内容を、ほとんどの人が信じたのです。それが、真実でなくとも、人々をごまかし、世間をごまかすことは、彼らにとって、常套《じょうとう》手段でもありました。

ところが、高次元フリーエネルギーが起動して、その使い方を身につける人たちが増えていくと、そうした嘘が通らなくなります。ブラック・ホワイトホールで高次元フリーエネルギーを起動させれば、異次元宇宙を通じて、真実にアクセスできます。ですから、その言葉が真実かどうか、すぐに分かってしまいます。それこそ、何か発信したとたんに、「嘘を発信している」ということが、分かってしまうのです。こうなると、もう表の顔と裏の顔を使い分けることができません。

これまで、「ヤラセ」や「フェイク」などが当然だった地球社会は、大きく変わっていくでしょう。

メディアは真の姿を取り戻せるのか

事実を、正確に判断するのは、とても重要です。

近年のメディアを見ていると、いつも、善悪の判定を振りかざし、あたかも、自分たちこそ正義の番人であるかのような、そんな論調を感じることが増えています。そして、ひとたび、「悪」と決めつけてしまうと、どんな反論にも蓋《ふた》をし、相手を抹殺するまで攻撃する……というような、過激な手法もいとわないやり方が、まかり通っているように思えます。

この部分は、メディアに限ったことではないのですが、高次元フリーエネルギーが満ちていくにつれて、大きく変わっていくところでしょう。

そもそも、宇宙の高次元意識には、善も悪もありません。善悪は、人類が勝手に作り上げた概念ですし、ある人にとっては善であることが、別の人にとっては悪である、ということは頻繁に起こります。同じく正義というものも、人によって定義が異なります。十人いれば、十通りの正義があっても不思議ではありませんし、それぞれが対立するということも、起こりうることです。

高次元意識には、善悪はありません。あるべきものがあり、起こるべきことが起こります。私たち地球人は、それをどのように受け止めるかを委ねられているだけです。

高次元フリーエネルギーが広まってくると、こうした善悪の区別というものが、良い意味で曖昧《あいまい》になり、そのままに受け入れようとする意識が高まります。

そこに、不安や恐怖、怒りや不満を感じる必要はありません。逆に、宇宙の高次元意識からの働きかけに感謝し、受け入れ、その中で生きる自分自身を大切にし、愛することが重要です。

もしも、現在のメディアが、高次元フリーエネルギーによって起こる変化を受け入れることができれば、その時こそ、メディアは、その歪みを自ら正し、「真のあるべき姿」に立ち返ることができるはずです。

未来は一人ひとりの意識で決定する

私の言動は、一般の人々には、理解しにくいものかもしれません。そのため、「妖しい」と言われたり、「ぶっ飛んでいる」と思われたりします。時には、炎上騒ぎに発展することもあります。

ただ、いずれにしても、未来を選ぶのは、個の意識です。一人ひとりの意識そのものです。高次元的意味としての「より良き未来」に意識を向け、そこにエネルギーを集中していけば、そうした人が、一人でも増えていけば、未来はより良き方向へと向かっていきます。逆に、「今のままでいい、悪しき未来に向かうとしても、それはそれで仕方ない」という人が増えれば、そちらの方向へと進んでしまいます。それが、悪い集合意識を創るからです。

これは、いわば、選挙のようなものです。どの未来を選ぶのか。その選択は、一人ひとりの意識の持ち方、使い方にかかっています。一歩を踏み出して、明るい外の未来を目指すのか、鳥かごの中で小さくなったまま、ただ終わりを待つのか。その選択は、人によって違いますし、どちらを選んだとしても、それは、その人の価値観ですから、他人がとやかく言うことではありません。

しかし、意識エネルギーのこと、未来への選択といった仕組みを知ろうともせず、ただ、「うさんくさい、馬鹿馬鹿しい」と揶揄《やゆ》するだけでは、あまりに情けないことだと思います。それでは、弥勒の箱舟に乗り込むことはできず、これから訪れる大きな変革を前に、さらに右往左往するばかりになりかねません。せっかくのチャンスを、自ら投げ出すことにつながってしまうのです。

第五章

私の行う高次元リーディングについて

未来を高次元リーディングする難しさ

数千年前、数億年前という過去の話や、はるか遠くの星々に繁栄する文明の話。あるいは、現在とよく似ているけれども違う性質を持ったパラレル宇宙の話。こうしたことを、私は、頻繁に口にしますが、それらは皆、高次元リーディングによって得たものです。しかしながら、この高次元リーディングという手法は、完全な正解を得ることが非常に難しい、という一面があります。

たとえば……。1から100までの数字を記したカードを順序よく重ねておきます。その中から目隠しをした状態で、「55」のカードを引き抜く、としましょう。目隠しをしていても、順序よく重ねられているのだから、おおよそカードの山の中間あたりだろうと目処《めど》はつきます。しかし、その目算は完全ではなく、引いたカードは51だったり57だったりします。この程度の誤差でアクセスできるとすれば、それはかなりの能力ですが、とはいえ、これらの数字は、「55」にとても近いながら、やはり、55とは少し異なります。

高次元リーディングでは、こうしたことがよく起こるのです。狙った世界に非常に近いけれども、完全にイコールではないパラレル宇宙を読んでしまう。この「読みの誤差」は、高い能力を持つリーディングほど小さくなります。私の場合でいえば、55を50と読んでしまうことはありませんが、百%完璧かというと、それもまた違います。

また、現在の学問で正解だとされていることが、いつまでも真実であるとは限りません。これは、天動説に異を唱えたコペルニクス、その主張を支持したガリレオの例を挙げれば、十分でしょう。科学的な学問の知見は、時代とともに洗練され、深められていきます。これまで正しいとされていたことが大きく覆ることは、決して珍しいことではないのです。

さらに、残された記録から過去を探る際にも、細心の注意が必要です。征服者による歴史の記述は、征服者に都合の良いように改ざんされているのが常です。そのため、「歴史上はこうだ」とされている事象に対して、私がまったく別のリーディングをすることは少なくありません。これは私の間違いではなく、学問の知見が不十分だということです。

実際に、既存の歴史には、こうした性質が含まれています。ですから、私の高次元リーディングの結果が、たとえば、『古事記』や『日本書紀』、さらには諸外国の歴史書の記述、科学的な結論に合致しない、ということは往々にして起こります。

このことは、読者の皆さんに、知っておいてほしいところです。

高次元リーディングと歴史が食い違う理由

神話や宗教で語られる歴史と、現在の学者たちが科学的手法で導き出した歴史、そして、私が高次元リーディングする歴史。これらの間には、往々にして多くの齟齬《そご》、食い違いが見られます。

分かりやすい例を挙げれば、天地創造の話です。

天地創造の話は、世界中で語られています。その中で、最もポピュラーなものであるユダヤ教・キリスト教の創世記では、世界は神によって六日間で作られ、七日目に完成したとあります。まず昼と夜を分け、天と地を作り、陸と海を分離し、植物を植えて星々を天に置き、魚、鳥、地上の動物を生み出し、最後に神に似せて人間を作って、創造を終えた、とあります。

しかし、私の高次元リーディングでは、実際には、天地は一瞬で作られました。地球上に、一瞬にして、動植物の揃った環境を用意し、そこに、人類のエネルギーを降ろしたのです。その最初の場所が、マダガスカルです。ですから、マダガスカルこそ、人類発祥の地といえます。

ただ、これは、古今東西、世界中に共通することですが、記録というものは、時の権力者や為政者によって都合良くねじ曲げられるのが常です。つまり、史実は真実とは限りません。相当の嘘やごまかし、捏造《ねつぞう》が混じっています。

また、そもそも、三次元世界に生きる地球人が体験し、その目で見た「事実」と、高次元から見た「事実」が、同じであるという保証もありません。

ピンポン球やサッカーボールのような球体は、どこから見ても球体です。しかし、空き缶のような円筒形のものを立てて、それを真上から見れば円形、真横から見れば長方形です。視座によって、見え方がまったく違います。

こうした違いは、事件や事象に対してもいえることです。

古富士が噴火によって封印されたことは、ムー王朝の人々にとってたいへんな災難でした。ピラミッドとしての古富士の機能がまったく使えなくなり、宇宙エネルギーを遮断されてしまったのです。実際に、この事件で、ムー王朝は衰退に向かっていきます。

しかし、高次元の意識であるＭＯＵからすれば、それは人類の進化を促すために必要なプロセスであり、サポートだったのです。

目に見える事象を多角的に見て、検証するというのは、歴史だけでなく、科学全般において必要な姿勢であり、三次元を超える高次元の情報について考える場合にも、やはり必要なことなのです。

陰謀論を鵜呑みにする危険

多角的な視座という点で補足すると、こうした柔軟な見方ができないままでいると、視野が狭く、思考が硬直してしまいます。これは、決して良いことではありません。よくあるのが、いわゆる、陰謀論です。

陰謀というのは、程度の差こそあれ、至るところに潜んでいます。強大な権力や莫大なお金が絡む、企業間競争や政治の分野では、なおさらでしょう。ことに、国際政治に関しては、二国間条約締結の裏に、こんな密約があった！　などという暴露記事が、何十年も経ってから公開され、話題になったりもします。

国家の利益と国民の安全を背負って交渉に臨む外交の最前線は、まさに戦場です。あらゆる駆け引きは当然のことで、公にはできないやりとりも、あって当然かもしれません。しかし、それを、「陰謀」として、あらゆる事象が、何か大きな力を持った第三の勢力によって謀られているというのは、どうでしょうか。

最近耳にした話では、「火星人が地球にやって来て、人類を奴隷として使っている」というものがありました。火星人が狙っているのは地球の金資源で、それを採掘させ、火星に持ち帰るために、地球人を使っているのだそうです。

話の出所は分かりませんが、私が高次元リーディングしたところでは、火星は地球以上に金が豊富です。わざわざ地球までやって来て、さらに、地球人を使ってまで、採掘する理由がありません。そもそも、宇宙意識には、まったくのゼロだとは言いませんが、侵略という発想がほとんどないのです。

火星人のＤＮＡを、ＭＯＵやリラ星意識が導入して、それを、原始人類と人類の祖先である原始猿たちのＤＮＡに組み込んでいます。火星人は、私たち地球人の仲間なのです。

陰謀論は、もっともらしい理屈や信憑性《しんぴょうせい》を備えていることが多いものです。しかし、そこで語られることのすべてを、真実として鵜呑《うの》みにするのは、いささか早計です。

地球人類は特別な存在

宇宙人を見た、宇宙人に出会った、ということは、十分にあり得ることです。これは、前章でお話ししたパラレル宇宙変換やブラック・ホワイトホールによる高次元フリーエネルギーを使うことで、現実に起こることだからです。つまり、遠い過去や未来、別の次元の存在たちがやって来て、すぐに消えてしまう。そうしたことはあるのです。富士山が開いて、高次元フリーエネルギーが起動したことで、こうした例は、今後、増えていくものと思われます。

また、世界中で目撃されている異様な生物、いわゆるＵＭＡ（未確認生物）ですが、これは、同じ仕組みで地上に姿を現しています。もともと、異次元に存在しているものです。

宇宙意識ＭＯＵが地球上生物の遺伝子を操作するということは、過去に何度も行われてきました。それによって、種としての分岐が起こり、多種多様な生物へと進化していったのです。原始人類と原始猿のハイブリッドに火星人のＤＮＡを組み込んだのも、こうした活動の一環です。

　しかし、そのように進化していった生物の中で、地球環境に最も適応し繁栄したのが、現在の人類です。しかし、それとは逆に、人間以外で、地球の環境に適応できずに絶滅してしまう種も多くありました。おそらく、大部分がそうした末路を迎えたのではないでしょうか。そして、絶滅は免れたものの、環境への適応がうまくいかず、ごく少数の個体が細々と生き続けている……という種もあります。

あとがき

富士山がエネルギー開きされ、高次元フリーエネルギーが世に出ることで、これまで隠されていた可能性が表に出ることになり、日本人の意識も大きく変わっていくことでしょう。

しかし、大切なことは、世の中に一喜一憂することではなく、本来の自分でいることです。

富士山の超覚醒エネルギーを感じることで、皆さんの気持ちが穏やかになり、人生をスムーズに進めることができるはずなのです。

私の読者であれば、既に、それを実感されている方も多いことでしょう。

本書を読み終わったあとでも、その恩恵を受け取れるように、上昇した意識次元を保てるように、超覚醒した富士山のパワーを込めた神札を付けさせていただきました。

是非、日常の生活の中で、世界No.1ピラミッドとしての富士山超覚醒エネルギーのサポートに触れてください。

88次元 Fa-A

ドクタードルフィン 松久正

Profile

88次元 Fa-A

ドクタードルフィン 松久 正

医師（慶応義塾大学医学部卒）、米国公認 Doctor of Chiropractic（米国Palmer College of Chiropractic 卒）。

鎌倉ドクタードルフィン診療所院長。

超次元・超時空間松果体覚醒医学（SD-PAM）/超次元・超時空間DNAオペレーション医学（SD-DOM）創始者。

神や宇宙存在を超越する次元エネルギーを有し、予言された救世主として、人類と地球を次元上昇させ、弥勒の世を実現させる。

著書多数。


ドクタードルフィン公式ホームページ　https://drdolphin.jp

超古代ピラミッド「富士山」と高次元フリーエネルギー
その覚醒・起動による近未来予言

令和5年4月18日　初版発行

著　者　　松久 正

発行人　　蟹江幹彦

発行所　　株式会社 青林堂

〒150-0002 東京都渋谷区渋谷 3-7-6

電話 03-5468-7769

編集協力　植野徳生

装　幀　　有）アニー

印刷所　　中央精版印刷株式会社

Printed in Japan

ISBN 978-4-7926-0742-5